Quand la ville se défait: Quelle politique face à la crise des banlieues ?

Jacques Donzelot

ジャック・ドンズロ　宇城輝人=訳

都市が壊れるとき

郊外の危機に対応できるのはどのような政治か

人文書院

目次

都市が壊れるとき——郊外の危機に対応できるのはどのような政治か

わたしの先生、
ウルフ・マルテンソンに

まえがき
あぶれからくずへ

くず《ラカイユ》。郊外の若者たちを目がけて血気にはやる内務大臣〔当時、内務大臣だったニコラ・サルコジのこと。郊外暴動での強硬姿勢が翌々年の大統領選での勝利に結びついたといわれる〕が放ったこの否定的な言葉は、若者たちが棄て置かれていると感じていたあらゆる団地で、三週間にわたる夜間暴動の嵐をひきおこすのに充分であるだろう。たしかに、若者たち自身この語を使っていた。だがそれは自嘲心のなせるわざだったのだから、かれらを指すのに本気で使ってはならない言葉だった。たとえそんな言葉であったにしても、たった一言で暴動を増長させてしまったのは、まさに現況確認のしかたが暴動を準備していたからである。だがそれはいつからなのか。どのくらい前から自嘲と公的軽蔑が希望と理解に勝るようになったのだろうか。

こうした極端な恥辱の感覚が、団地で暴動が起こりはじめたときにすでにあっただろうか。とりわけ最初の暴動、つまり一九八一年の夏、リヨン郊外〔ヴェニシュー〕の街区《カルチエ》マンゲットで起こった暴動のときにあっただろうか。二〇〇五年十一月の夜の暴動の時点から振り返って考えてみると〔十月二十七日夜、パリ北東郊外のクリシー＝ス＝ボア Clichy-sous-Bois において、強盗事件を捜査していた警官に追われたマグレブ系若者三人が変電所に逃げ込み、ふたりが感電死し、ひとりが重傷を負った。この事件をきっかけに二十日以上にわたる暴動に発展した〕、初期の暴動はむしろ希望のそれであったように思われる。わかりやすいメッセージや明るい見通しをもたらしたというのではない。だが、初期の暴動は郊外問題の存在を明らかにし、意識化の流れを作った。一九八三年十二月の有名なブールの行進をメディアが取りあげたこと、そしてその中心人物たちをフランソワ・ミッテランがエリゼ宮〔大統領府〕に迎えたことは、その証しだった〔「SOSマンゲットの未来」代表者トゥーミ・ジャイダやクリスチャン・ドゥロルム神父らマンゲットの住民がキング牧師のワシントン大行進にならってデモ行進を計画し、八三年十月に十年の滞在許可と外国人参政権を掲げて「平等に賛成、人種差別に反対」行進をはじめた。出発地マルセイユでは参加者は三十二人であったが、二ヶ月後にパリに到着したときには六万人以上に達した。この行進は各種メディアで「ブールの行進」と呼ばれ大きく報じられた。ブール **beur** は、マグレブ〔チュニジア、アルジェリア、モロッコ〕移民を親にもつフランス生まれの人びとを指す言葉〕。

こうした暴動、こうした期待に正当化されて誕生した政策は寛大であろうと望んだので、いわゆるブラック＝ブラン＝ブール〔黒人＝白人＝アラブ系一体〕のフランスのなかに十全な地位を占めたいという若者たちの熱意に価値を認めた。そうした行為は、若者たちが他に行き場なく暮らす街区の社会的開発というかたちをとった。この政策は団地に住むマグレブの若者たちを対象とするのが明白であるにもかかわらず、「都市に対処する」といわれた〔都市政策〕。というのも当時、統合について語るのは、共和国が一部住民とのあいだに、民族的《エスニック》出自や肌の色や宗教を理由とする、たんなる誤解ではない根本的問題を抱えていると認めることになるからだった。だからそのように言明したなら、左派でも右派でもあらゆる人を不愉快にしただろう。その当時、マグレブの人たちのことをマグレブと名指して語るのは極右の立場にたつことにしかならなかった。というのも「必然的に」侮蔑的になるそのような名指しをすることは、マグレブ系住民に有利な政策につながるいかなるアイデアにも反対する極右の指導者たちの言説と一致したのだから。極右の指導者たちは、そのようなアイデアを、時間と金銭のたんなる無駄、生まれつきのフランス人からの純粋な略奪にほかならないと見なしてはばからなかったし、そのように有権者におもねった結果として全国で得票率を急速に伸ばしていた。

極右の攻撃によりよく対抗し、しかも勝手の知れた土俵にとどまりつづけるために了解されたことがらがある。それは、「都市〔に対処する〕政策」と呼称することにより、マグレブの若者たちの提起する問題が、あたかも、共和政樹立の昔から登記済みのまったく古典的な問題設定、いわゆる「社会」問題〔社会的な問題のたてかた〕に属するかのように読解されなくてはならないということであった。マグレブの若者たちの問題は、その社会問題が遅まきに先鋭的に局所的に発現したものであるが、それ以外でもそれ以上でもない、と。このような読解法を正当化する一定の根拠もあった。

団地の若者たち自身は、自分たちの悲劇を「あぶれ《ガレール》」と名づけていた〔ガレール galère は辞書的には懲罰のように辛い低賃金労働、劣悪で厳しい暮らしを指すが、団地のスラングとしてはむしろ「退屈と無為から生じる苦しみ」を表す（*Lexik des cités*, Paris, Éditions Fleuve Noire, 2007）。また、フランソワ・デュベによれば（François Dubet, *La galère. Jeunes en survie*, Paris, Fayard, 1987）、ガレールと表現される状況は次の三つの原理で構成される。「腐った世界（がすべて悪い）」もしくは問題の個人への帰責のかたちをとる社会組織の解体、無力がもたらす疎外もしくは体制順応のフラストレーションとして表現される排除、目的なき暴力もしくは未来のなさ《ノー・フューチャー》にたいするニヒリズムに表される憤り。このように、ガレールは、貧困や失業や非行などの古典的な社会病理の枠組みに収まらない「不確かな日常」であるという。そうしたことがらを表現するために、不充分ながら「あぶれ」の語をあてた〕。それは、まともな雇用も住まいも安定した援助もなくさ迷い漂流する生活を指すのにあつらえむきの表現だった。この表現は、移民たちの子どもの人生のはじまりの特徴を明らかにするだけでなく、失業した親のもとで育った、なんの技能資格もないたいていの若者の人生のはじまりの特徴をも同様に明らかにする。そうした親たちの大部分が移民であったことは、不幸な偶然の帰結だったといえるだろうか。この移民たちは、戦後〔第二次大戦後〕に、フランスが呼び寄せたのであって、それは生まれつきのフランス人がもはや望まないような技能資格不要の雇用に製造業や建設業で就かせるためだった。移民たちは脱工業化に捧げられた最初の生け贄だったのであり、かれらの子どもたちは、そのせいで社会のなかに入るのに必要な現実的な道しるべを奪われてきたのである。

親の失業は、移民の子どもにとって社会的排除の脅威に等しかった。親の失業は、民族的出自にかかわらず、もちろんあらゆる子どもにとって恐怖であったし、いまもかわらず恐怖である。しかしながら親たちが出身地から切り離され、近親者や同胞の援助、言語習得で学ぶ長い伝統、公権力の注意深くてさりげない配慮といったものに由来する資源を奪われている場合、その子どもたちにとって比較にならないほど深刻な恐怖になるものだ。

だが、大量失業と長引くその影響という恐怖がフランス社会全体に広くいきわたると、団地の若者たちは、こういってよければ「排除」――かつての社会問題が現代化した形態と理解された――を劇症的に体現するものとしてのみ理解された。排除の存在を理由に発展してきた社会政策（いわゆる「都市」政策はそのひとつだ）は、その排除という社会問題の特定形態と闘うことを目的とするのだから、郊外問題は社会政策の範疇に含まれることになった。けれども、過去のあらゆる社会問題とは異なる特徴をなす特殊に民族的《エスニック》な次元が考慮されなかった。こうして、移民の子どもたちは、フランス社会に包摂されていると感じられないまま統合されることになった……排除された者という資格において。この統合は失業対策が不充分だったことへの社会の罪悪感を理由とするけれども、しかしかれらの境遇に固有の深刻さを説明するまさに民族的出自などの他の理由には言及しなかった。

社会問題の枠組みで民族問題を扱うのは実質的というより修辞的であると、ほどなく明らかになった。一九九〇年の暴動〔十月にリヨン郊外ヴォ＝アン＝ヴランで発生した大きな暴動。九十年代以降の郊外暴動の原型となった〕が社会政策の主唱者たちにそう思い知らせたのである――社会政策には八十年代に展開されたときよりも有効な措置がたくさん備わっていたにもかかわらず。したがって一九九一年以降、都市政策の哲学は変化した。その街区に住んでいるというただそれだけで若者たちが被る損失にたいし、もっと効果的に手当てするべく精力が傾けられた。そのような街区について使われはじめたのが「棄て置き relégation」という言葉だった。とはいえ、この政策の転換は、問題の読解のしかたを社会問題のお墨つきの言葉遣いとは違うものに変更するまでにはいたらなかった。ただたんに社会問題を「空間化」したにすぎないのだから。その証拠に、上記の試練のすぐ後に任命された都市担当大臣〔九〇年十二月二十一日にミシェル・ドゥルバールが任命された〕は、問題を婉曲に表現し、そして古典的な意味での「社会問題」の言葉遣いをほとんど変更せずに郊外の危機を解釈すると追認したのである。

十九世紀半ば以来、社会問題という表現が意味してきたのは、最大多数すなわち「人民」の政治的主権と、経済の面での少数による最大多数の搾取とのあいだに矛盾が存在するということである。共和国が生きていくためには、社会的なことを、社会的なことだけをなさなくてはならず、社会の名において諸個人をよりよく保護し、そしてそうすることで暴動への誘惑から社会をよりよく防衛しなくてはならなかった。こうした試みがうまく成功してきたがゆえに、保護のありかたを改善し、新しい時代に適応させる——しかしだからといって保護の基礎として機能した読解のラインは変えない——必要だけが残されているように見えたのである。初代の都市担当大臣もやはりこの社会的なものの用語法、すなわち老齢や病気や就労不能といったあらゆる種類のハンディキャップを補償することを本質要素とする用語法を採用した。ただしこの場合ひとつだけ特殊なのは、ハンディキャップは街区とその居住者にかかわるのであって、そうした恵まれない区域に住むことの損害を補償することが課題だと考えられた。つまり、空間的ハンディキャップという原則が追加され、他のハンディキャップと同列におかれたのである。

最近の出来事が示すような絶望と自嘲が団地に定着したのは、では、いつからなのか。この問いに答えるには、「くず《ラカイユ》」という語が「あぶれ《ガレール》」という語にとってかわったとはいかないまでも、「優位」を占めるようになったのがいつからなのか知るのがとりわけ有益であろう。このふたつの語は表面上よく似ているが、その一方から他方への移り変わりは、若者たちに特有な自己イメージの変質と軌を一にしている。つまり、他者に訴えかけようと多少とも熱心な嘆きの調子から、自己と他者への蔑みの調子へと、いつのまにか移り変わったのだ。語彙における流行り廃りにつきもののあいまいさを考えると、そのような交代の日付を特定するのは難しい。だが、いずれにしてもこの交代は、若者たちの社会のなかでの位置が、八十年代の先輩たちと比べて変わったことを表している。絶望の台頭の原因となったのは、では、どのような出来事だったのか。

第一に、九十年代半ば以降、「正統」な古典的社会問題が社会の中心にふたたび姿を現したけれども、しかし排除のテーマとは切り離されたということである。社会問題の「回帰」と軌を一にして生じたのは、厳密な意味での賃労働条件にもっぱらかかわる不安であった。不安を喚起するのはもはや失業の帰結である排除ではなく、保護されてきた雇用への脅威の増大であった。そうした雇用の筆頭にある雇用は公務職とほぼ同等で、固有の「特典」ないし「既得権益」をもっているのだが、民間部門の賃労働者たちはあまりにも脅威にさらされたがゆえに、不安の声をあげるにあたって、いってみれば公共部門の賃労働者に代弁されたという事情を考慮に入れなくてはならない。年金改革に反対する一九九五年冬のストライキがその見本だ。その権利要求をほどなく引き継いだ〔国外への〕産業移転の告発は、ヨーロッパ〔EU〕憲法案の国民投票のための選挙キャンペーンで絶頂に達した。産業移転が生んだ不安のすぐ後につづいた次の不安は、サーヴィス部門（電力公社EDFと国鉄SNCF）における民営化の現実または幻想と結びついていた。グローバリゼーションの影響にたいするこのような抵抗の結果として、わたしたちは極左の台頭を目の当たりにした。極左の言説は、賃労働者たちが過去に勝ちとった特典をただ防衛するだけでよいという関心と共鳴する。経営者側のたんなる反攻戦略と理解されるものには抵抗しなくてはならず、また抵抗するだけで充分である。こうして、適応する必要を引き受けようとする意志は放棄されてしまった。

ようするに、郊外問題すなわち民族マイノリティが被る特殊な不利益の問題は、賃労働条件の問題と比べて二次的なものとされた。もっといえば、一種の目晦ましだと見なされた。「真」の問題である賃労働条件の問題、つまりこれまで手厚く保護されてきた雇用への脅威の問題を犠牲にして郊外問題を重要視したのはやりすぎだったと判断されたのである。

次に注目すべきは、九十年代半ば以降ますますひんぱんに、郊外がいちじるしく増加した犯罪の問題に矮小化されるようになったことである。単純化していえば、大筋で次のように論じる言説が台頭してくるのが見られた。すなわち、郊外では若者もふくめ多数の住民が懸命に仕事をみつけ学業を修め生活環境の手入れをするのに努力しているのに、手間暇のかかる正常生活に踏みとどまる利益よりもすぐ手に入る密売買の利益を好む少数の者がいて、多数の努力に水を差しているのだ、と。こうした議論の帰結は、社会問題を解決するとはいかないまでも少なくとも解決に向かうよりよい道筋をつけるためには、少数の犯罪者たちの当該街区への影響力を殺ぐ必要があるということになるだろう。こうした言説は、いわゆる都市政策の枠組みのなかで講じられた予防措置の相対的失敗によってたやすく正当化される。予防措置は、密売買やその売人組織との結びつきをますます強める犯罪の増加をくいとめるのに充分でなかった。一九九六年以降の経済成長と雇用の全般的回復を特徴とする状況のなかで、いわゆる「困難」街区が例外をなしたことは、上記の言説に一定の信憑性を与えた。それにそのような地域では確かにあらゆる「ゲットー」で見られる現象がおこった。たとえば、自己確証したいという純粋に個人主義的な願望のために、密売買で「簡単に」得られるお金でサクセスしたしるしを見せびらかすのが横行し、そのせいで人びとが承認しあうための集団的次元が毀損されてしまった。こうした遵法精神のいちじるしい減退にひきつづいて不安全への恐怖がますます団地と結びつくかっこうで生じ、そうした団地にたいし右派であれ左派であれあらゆる内閣が公式に憂慮を表して対処することになった。気遣いはたくさんあった。しかしけっきょくのところ実行をともなうというよりは声をあげるだけだったために、かつかつの暮らしをしながらも法律を遵守している人たちが怒りの声をあげたのだ。かれらは、政府当局の「責任ある」言説よりも極右の言説に自分たちの憤りと響きあう手応えを見出した。いずれにせよこの大きな反響のせいで、二〇〇二年、大統領選挙の第一回投票において極右が左派に勝利し、民主主義の基本原則である政権交代がひどく歪められてしまった〔極右の国民戦線の候補ジャン＝マリー・ルペンの得票が、現職首相である左派の社会党候補リオネル・ジョスパンを上回り、決戦投票に左派候補がすすめないという事態が生じた。決選投票では右派の共和国連合（ＲＰＲ）の現職ジャック・シラクが圧倒的得票でルペンを破り、再選された〕。こうしてわたしたちは、両極の台頭すなわち、市民的不安全の問題をとおして極右が、社会的不安全の問題をとおして極左が台頭するのを見ることになった。

したがって「十一月の夜」を理解するためには、ここ十年を特徴づけるふたつの変化の線の交点にこの事件を位置づけなくてはならない。一方において、社会問題が賃労働条件の防衛というただひとつの関心に立ち戻ってしまい、郊外の民族マイノリティの問題を考慮に入れるのに一時のあいだ役立った排除の問題は蔑ろにされるようになった。他方において、その民族マイノリティは社会にとっての危険物と同一視されることがますます多くなった。しかもまずもって、かつかつの暮らしをしながらも法律を遵守する中流下層階級にとっての危険物なのだ。こうした二重の変化が郊外問題の取り扱いを完全に変えてしまった。「都市における排除」は「犯罪の引き金」の同義語と見なされることがますます多くなる。それは、右派にとってはこれ以上極右に地盤を奪われたくなければ力ずくで対処すべきことがらであり、左派にとってはもはや公然と社会的関心の中心にすえるべきでないことがらなのである。政権に就く右派と左派をそれぞれに脅かすふたつの危険は、二〇〇二年の大統領選の後にはっきりと姿を現した。このふたつの危険は、ふたつの党派のあいだに暗黙の合意をもたらした。つまりそれぞれの支持者からの信頼を保つために郊外問題を、それぞれの緊急課題の障害にならないようにあしらうという暗黙の合意を。というのも左派は、産業移転と民営化の前線で闘うことに力を集中したいととりわけ望んでいたのだから。つまり雇用の保護という極度にデリケートになった土俵のうえで極左の突き上げを抑えることが左派にとって課題だった。他方で右派はといえば、左派にとっての極左同様に脅威である極右に治安の土俵を侵蝕されるがままにしておくわけにはいかなかったのである。

左派と右派が結託することのできる土俵が、郊外問題への都市工学的アプローチの台頭とともに出現した。治安にかんする右派の断行主義も、社会的予防にかんする左派の相対的失敗も、けっきょく両派がそれぞれに犯罪原因の「物理的」な読解に与するよう導いた。塔状や板状の住棟を取り壊せば、犯罪の巣――団地の住棟群はもはやそのようなものだ――を除去し、いわゆる「ヒューマンサイズ」の社会住宅へと建て替えるのに着手できるだろう。都市工学は、左派にとってはついに予防の願望と抑圧の願望の折り合いをつけるものであるだろう。他方で右派にとっては、都市工学における積極主義は、犯罪を犯す団地在住の若者たちを露骨に抑圧することの葛藤をほどくものであるだろう――犯罪を犯す若者をまったくそうでない若者やそれほどでもない若者から区別するのがどれほど難しいとしても。断固抑圧というスローガンは、住民の行動を見極めるのを容易にはしない。かれらは差別――雇用においてはそれとなく、警察の取り締まりにおいてはあからさまな――の被害者だと感じているのだから。だから、起こるべくしてことが起こったのだ。ふたつの不幸な言葉、ふたつの死、そして三週間の暴動がほとんどフランス全土の郊外で。

被害者の名において暴動の当事者たちに向けられるあらゆる正当な批判があるにせよ、暴動の必然性つまりその「客観的」効用は次のことにある。すなわち暴動の勃発により、希望どおり厳しく処置したおかげで解決したとはいわないまでも少なくとも最優先課題ではなくなったと信じられてきた問題が、実際にはひどくなる一方だったと証明されたことである。そこからいえるのは、状況診断の本質が、これまで実施された政策の有効性と同じ程度に深刻な問題に陥っているということだ。

　わたしたちは本書で、状況診断にかんする分析の刷新、そして都市に対処する政策〔都市政策〕politique *de* la ville にかんする、起源から現在にいたるその歴史をつうじた分析の刷新を提示したい。次いで、もうひとつ別の可能な政策の輪郭を素描したい。このもうひとつの政策は都市を擁護する政策 politique *pour* la ville と名づけられるだろう——政策の発想の源泉を、これまで支配的だった秩序というただひとつの関心（国家の論理と合致する）にはもはや求めず、都市に固有の活力に求めるかぎりにおいて。つまり個人の水準でも、街区のコミュニティの水準でも、都市が都市圏の次元に潜在的に形成している政治的実体の水準でも、それらの水準において都市という存在が喚起するエネルギーの価値を認め、それを利用することのうちに発想の源泉を求めるかぎりにおいて。じっさいのところ、国家の効力しか認めず都市の効力を蔑ろにするのか、それとも都市に特有の能力、都市の精神を再発見するよう努め、都市の能力を疑うのではなくその力を発揮させようとするのか、この選択におうじて政治的発想に質的差異が生じる。都市の統合力を復興しなくてはならないとわたしたちは主張する。すなわち都市の統合力は、社会的混合の名のもとに人間を物のように操作して分散させることにあるのではなく、住民の生活における「実現能力」を高め、住民の都市における移動性を促し、都市を本物の政治的実体に作りあげることにある。

序章

都市は半世紀のうちに解決法であるようなものから問題であるようなものへと変化した。五十年代と六十年代のあいだ都市は「都市的なものによって社会を近代化する」手段であった。[1]あまりにも長く農村的で地方的であったフランスにとって、また混雑と害毒の象徴と化した老朽化した諸都市にとって、その周縁部に建物の集合体を建設して広々とした住宅とまったく新しい清潔で快適な生活条件を供給することは、しかもそのすべてが自然に近い環境で行われるならば、それは都市の膨張に起因する物理的であるのみならず社会的で政治的な混乱にたいし、ついに発見された治療薬であると思われたのである。その治療薬は発見されるやいなや社会に投与され、社会は全速力で工業化と経済成長と進歩の時代に突入していった。こうしたことがらの全体が実現していくのを指揮した近代化を推進する国家 Etat modernisateur が熱心に取り組んだのは、かつての都市を舞台とした社会的苦悩を、近代的で都市的なものの機能的利点でおきかえることだった。

しかしながら早くも七十年代半ばには、都市はついに近代化されたという肯定的な見かたが驚くほど脆く崩れていた。栄光の三十年間〔おおよそ一九四五年から七五年にかけての高度経済成長の時代を指す〕を体現する大規模住宅団地は、歴代内閣の主要な懸念材料のひとつになった。大規模住宅団地はもはや就職や雇用の安定をもたらさない。むしろ失業、不安定、貧困、民族《エスニック》マイノリティの集住と結びついていると判明した。民族マイノリティの若者は、自分たちに未来があるとは思えず、すぐに暴動をおこし、密売買を好み、社会扶助〔生活保護〕による解決に頼りがちである。また同様に次のことにもわたしたちは気づいている。すなわち、そうした団地の若者は、自分たち固有のアイデンティティを探すために、これみよがしに宗教的なものに回帰したけれども、そのような回帰はただちに共和国への侮辱と受けとられる――少なくとも、かれらにたいし共和国がどのような恩恵を施してきたか当のかれらに教えこむ任務を担っていると考えるような人たちには――ということに。

社会住宅団地のイメージが否定的なものに急転した結果、そのような団地に住んでいた中流階級が都市周縁部の村落的市町村へと加速度的に流出した〔人口二〇〇〇以上の住宅密集地である都市部 unité urbaine の外にある市町村を村落的市町村 commune rurale という〕。そのようないわゆる外郊外 péri-urbain の地域では、中流階級の台頭と結びつく新しい生活様式が一戸建て住宅と自動車の発達に支えられて出現するのが見られた。かれら「日常の冒険者たち」(2)に、旧都心に住んでいたかつての中流階級がほどなく合流した。旧都心の地価高騰についていけなくなったのだ。問題の都心には中流および／あるいは上流の新しい階級が住み着くのが見られた。それはロバート・ライシュ〔Robert B. Reich（1946– ）アメリカの経済評論家。クリントン政権の労働省長官（一九九三—九七）。オバマ政権では政策顧問を務める〕が「シンボリック・アナリスト階級」と呼ぶ階級だ。ライシュによれば、それはグローバリゼーションの生んだ新興階級で、研究、コミュニケーション、コンサルティング、高等教育の専門職から構成される。かれらはみな、古い庶民的な街区をふくむ都心が仕事場にも遊び場にもきわめて近くて有利だと考え、しかも旧来のブルジョワジーと違って庶民を目にするのを恐れないばかりか、近づきになるのを喜びさえする……。一方、庶民はといえば、自分たちのしるしが深く刻まれた場所であるにもかかわらず、しだいにそこから立ち退きを余儀なくされていった。というのも家賃と地価が高騰して敷居が高くなったからだが、かくも高騰したのはジェントリファイアーたち〔ジェントリフィケーションの受益者〕が都心に惹き寄せられたせいなのだ。

こうして都市は、社会のさまざまな構成要素が互いに無視しあうように仕向ける三つの傾向に従って壊れていく。マイノリティと貧民は社会住宅団地のなかで棄て置き relégation のプロセスにさらされる。中流階級は、下層も中間層も富裕層も、近隣の村落的市町村に逃避する。こうして村落的市町村は都市化し、外郊外という一般的呼称を受けとった〔市町村住民の半数以上が市町村外に仕事をもつ場合、その市町村を村落的と呼ぶのは難しい！〕。この外郊外化 péri-urbanisation のプロセスは、中流階級のうちもっとも貧しい層の、次いで年金生活者の住む場所を、たえずより遠いところ、すなわちもっとも地価が安い、および／あるいはもっとも静かなところへ押しやる論理に従って規則的に拡大する。都心はジェントリフィケーションの作用を被る。この英語表現は、仕事や遊びあるいは子どもの教育のために中心部に住む利点を特権的に手に入れるのに熱心な知識層が旧都心に住み着くことを指すものである。

わたしたちの考えでは、以上のような問題が都市政策の出発点において提起されていた。それはたしかに、都市の内部やそのすぐ外縁にある社会住宅団地をもっとも鋭く特徴づける問題であるが、それだけでなく都市全体にもかかわるものだ。なぜなら都市に影響を及ぼす多様な分離傾向のあいだには相互依存関係があり、棄て置きは都市を壊していくあらゆる傾向のうちのひとつにすぎないのだから（第一章「都市問題――都市を分離する論理の出現」）。

そのような都市問題に直面して、三十年ほど前にひとつの政策が策定された。都市に対処する政策 politique *de* la ville（都市政策）である。この政策は、その三十年のうちに政策行動の内容の点でも、また政策行動の方式や政策哲学の確立度の点でも変遷してきた。

当初、都市に対処する政策が介入する枠組みは、街区《カルチエ》に、恵まれない区域《ゾーン》に限られていた。その後、問題の区域が政策行動の主要な標的でありつづけるとしても、基準区域線は拡大し、都市圏全体を包含するにいたった。このような傾向は、都市に対処する政策の行動に与えられた呼称の移り変わりにはっきりと見てとれる。出発点においては「街区の社会的開発」について語った。ついで「都市契約」へと移行したが、これはしだいに「都市大規模プロジェクト」を組み込むにいたった。

枠組みが拡大すると同時に政策行動の内容も変化する。内容の基軸はまずはじめに「居住者」におかれた。居住者とは、居住しているという以外の職業的ないし政治的な身分をほとんどもたない住民を表すための呼称である。つまり、いかなる場合にも住民を民族的《エスニック》な特性でもって名指すのは問題外であった。たとえ民族的な特性が住民を特徴づけるもっとも「可視的」な次元であるとしても。ましてやそうであるならば！　こうして「居住者」は、七十年代末に開始されたいわゆる「住居と社会生活」プログラムや、次いでそれを八十年代にひきついだ「街区の社会的開発」（ＤＳＱ）のようなプログラムの関心の中心的対象となった。「街区《カルチエ》（界隈）」という言葉は、都市的なものによる社会の近代化の時代には廃れて「区域《ゾーン》」（ＺＵＰ、ＺＩ、ＺＡＣ……）という呼称にとってかわられたけれども、近隣関係つまり「居住者」への関心を強調するために、ふたたび用いられるようになった（ＺＵＰは市街化優先区域。戦後の深刻な住宅難を解決するために一定の法規制の適用除外などを認め住宅地整備を促す枠組みで、一九五八年に導入された。いわゆる粗製濫造の大規模団地開発をもたらし、現在の荒れた郊外団地の原因となった。六七年にＺＡＣへと移行した。ＺＩは工業区域。五〇年に導入された工業用途に特化したいわゆる工業団地。ＺＡＣは協議整備区域。住宅だけでなく商業施設、公共施設などの大規模な建築用地を整備するための現行の枠組み。市町村などの公的主体と民間業者との協議にもとづいて土地開発を行うことで民間投資を促す」。したがってもはや国土整備省の技師がテクノクラート流に裁断した空間への関心は強調されなくなった。九十年代初頭以降は、政策行動の標的はしだいに「住民」から「住居」へと、すなわち建物とその改築へと移行した。政策行動の内容は、あの「大規模住宅団地」に特有な建造物の取り壊しと建て替えの事業にますます特化していく。これが二十一世紀はじめ以降の政府お気に入りの政策行動のしかたであり、左派では「都市再建 renouvellement urbain」の、右派では「都市再生 rénovation urbaine」のお題目をともなったのであった。

このような政策行動の内容の変遷は「社会的混合 mixité sociale」という明確な哲学に導かれていた。この教説は、ことのはじめから政策決定者たちのお気に入りだった。それは、都市的なものの弊害にたいして実効的な、唯一のではないにしても主な治療法をもたらすとしだいに見なされるようになった。都市政策の初期においては比較的遠慮がちにであったが、時間がたつにつれて混合の引証は際だつようになり、二〇〇〇年をすぎたころには正真正銘の事実《エヴィデンス》という規定を獲得するまでになった。

政策行動の形式はといえば、これも劣らず大きな変遷をたどった。当初それは、計画化の枠組みにおける国と地域の契約のメカニズムに組み込まれていた――このことはつまり国と地方自治体が都市改造プロジェクトを合作することを意味した。その後わたしたちが目にしたのは、ごく具体的にいえば都市再生事業とともに、はるかに「経済的」な新しい手法、すなわち市町村が自身のプロジェクトを完遂するためにまったく完全な自律性〔自治権〕を市町村に付与する方式の誕生であった。その狙いは、仲介機関が政府目標のすべてが充分に取り入れられていると判断する場合にのみ予算を交付することをつうじて、市町村長に政府目標にいっそう責任を担わせることにある。この目的のために全国都市再生機構（ANRU）が二〇〇三年にジャン＝ルイ・ボルロー〔Jean-Louis Borloo (1951-) 中道政党の急進党の党首。ノール県ヴァランシエンヌ市長（一九八九―二〇〇二）。ラファラン、ド・ヴィルパン、フィヨンとつづく右派内閣で二〇〇二年から一〇年まで途切れることなく大臣を歴任した〕によって創設された。政策行動に必要な資金はただひとつの窓口に集約され、その窓口にたいし都市再生事業を域内で実施したい市町村が申請する。ここに「分離する論理」に差し向けられた回答がある。すなわち社会的混合の名における建物への固執である。そしてこの固執は、住民に働きかけ、そしてとりわけ住民とともに行動するのを少なくとも相対的に放棄していくにつれて強まっていくのである（第二章「都市に対処する政策――社会的混合の名における遠隔作用による住居対策」）。

この政策は議論の余地があるとはほとんど見なされておらず、いくつかあるその原則はほとんど議論されていない。じっさいのところ、本質的に社会的な性格をもつ政策行動をもってしてもいわゆる困難街区の生活条件をうまく改善できなかった以上、政策原則を根本的に変更し、困難街区を物理的に都市空間のなかによりうまく統合せずにいられるだろうか。隔離を、まして「共同体主義」を敵とする共和主義社会において都市を作り変えるのを正当化するために、社会的混合の哲学よりも優れたどのような哲学を働かせることができるだろうか〔フランスにおいて共同体主義とは、単一不可分の共和政原則と対立する分離主義的・多文化主義的傾向を意味する。現在ではイスラームを信仰するマグレブ系移民コミュニティなどを暗に指すことが多い〕。最後に、地方的なものにたいする遠隔作用〔遠隔行動〕の手法をどうして選ばずにいられるだろうか。この手法は、地方議員の責任を徹底的に利用できるし〔フランスの地方行政は議院内閣制に近いモデルにもとづいており、州会・県会・市町村会議員の互選で行政の長〔州会議長、県会議長、市町村長〕が選ばれる。つまり議員が地方行政の担い手である〕、しかも、多様なパートナーが関与するためにひじょうに複雑な旧来の契約的手法よりも明らかに迅速〔手続きが経済的だから〕なのだから。

とはいえ、この政策の言明された目標にかかる成果を検証すれば、懐疑の念を強くせざるをえない。社会的混合について語れば語るほど、社会的混合は都市政策の対象街区には、まして都市全体では実現しがたくなるように見える。取り壊し／再生事業は多くの議員たちのお気に入りである。というのもその事業のなかに選挙区民の歓心を買う手段や、市町村住民の社会的構成を変更して自分たちに都合のよい選挙区に作り変える手段を見ているのだから。都市再生を実施すれば同じく社会住宅供給管理業者をも満足させられるが、それは採算の合わない維持管理の悪い建物を厄介払いする口実を与えてくれるからである。だが都市再生は、当該街区の居住者たちの側には同意よりもはるかに多くの抵抗を惹起するのだ。「遠隔統治」の手法は、仕切り役の議員や社会住宅供給管理業者のような地域アクターには完璧な満足を与えるけれども、かれらの一方は職業的利害を、他方は選挙的利害を気にかけているのである。この手法によって、実効的な連帯が実質的な都市の水準、実質的な都市を構成する都市圏の水準にうちたてられることはない。

なぜ成果がかくも貧弱なのか。なぜならば、いわゆる都市に対処する政策〔都市政策〕が、理想都市の理想都市らしさを回復するために、あちらこちらを汚す異常事態を解消しなくてはならないという理念に暗黙のうちに立脚しているからである。これは代わり映えのしない都市読解法であり、厳密な意味での国家幻想だ。すなわち、権力による国土《テリトワール》の均質化を目論む国家の夢想を純粋に投影したものなのである。こうして都市の種別性をなすもの、都市の多様性、都市のダイナミズムの理解から逸れていってしまう。ひとはデミウルゴスの真似をして理想都市を再創造し、都市的なものをあるべきはずの姿に作りあげることを夢想する。しかし、機能するがままの都市の姿には関心を払わない。すなわち、都市に生きる人たちが生活において前進できるがゆえに、ここでもうまくやれるけれども、時機がくればよそへも行けると自信をもてる機会を、多かれ少なかれ生みだすのに成功している、そのような都市の姿に関心を払わないのだ。都市とは、じっさいのところ、使いかたを知っているならだれにでも世界の鍵を与えるけれども、逆に「うまくいかない」なら身動きをとれなくし状況を悪化させるような、奇妙な機械なのである。したがって、都市を擁護する政策 politique *pour* la ville を構想して、都市のメカニズムと魅力、すなわち都市において引きこもることと動きまわることを、そして下と上とを連結するのを可能にするあらゆるものを取り戻すことに力を注ぐ必要があるだろう。つまり世界に開かれているあらゆるものを取り戻すために――フランス領の絵葉書ではないのだが。混合、けっこう。だが、混合を課すのには反対。「裏返しの社会的混合」には反対。そのせいで恵まれた者たちと恵まれない者たちが邪魔しあい、対立しあい、もっとひんぱんには無視しあうようになるのだから。課された混合ではなくて、移動に結びつく混合、移動性を促すことから生まれる混合を発展させなくてはならない。

都市再生、けっこう。だが、高級賃貸住宅の建設用地を空けるために居住者たちが追い散らされるという代償には反対。再生はむしろ、街区の居住者たちが自分自身にかんする「実現能力」を、都市のなかで、また自分の生活のなかで高めるのに有効利用されなくてはならないだろう。

遠隔統治、けっこう。だが、市町村が金持ちクラブや貧乏人クラブになるのではなく、都市を建て直すように促すことが条件だ。市町村連合は、都市を政治的民主主義の強い環に仕立てる契機でなくてはならず、短期的利害による、あるいは類似性の論理を素朴に適用する安心感による市町村の合従連衡の技術であってはならない。内輪の論理がまた少し拡大し、都市がまた少し「壊れる」のだから。

こうして「都市を作り直す」のに必要なだけの数の方針が見出される（第三章「都市を擁護する政策――移動性を促し、居住者の実現能力を高め、都市を結集するために」）。

注

（1） ティエリー・オブレ Thierry Oblet が *Gouverner la ville. Les voies urbaines de la démocratie moderne*, Paris, PUF, 2005で用いた表現。

（2） カトリーヌ・ビドゥー＝ザカリアザン Catherine Bidou-Zachariasen が *Les Aventuriers du quotidien. Essai sur les nouvelles classes moyennes*, Paris, PUF, 1984で用いた表現。

第一章　都市問題
――都市を分離する論理の出現

社会問題か、都市問題か

激しい暴動、密売買のかたちをとる組織犯罪、全国平均の二倍から三倍にのぼる失業率、同様の高さの各種社会扶助の受給率。以上がここ四半世紀のあいだフランスに出現した都市問題の「古典的」な特徴である。だが、それが出現なのか再来なのか自問しなくてはならない。なぜなら十九世紀、つまり社会が産業化しはじめたころに、類似の、しかももっと先鋭な現象に遭遇していたのだから。そのころ都市にやってきた貧民たちは、期待していた仕事口を見つけるよりもはるかにひんぱんに不信と拒絶に直面した。現在生じているのは、人びとがはるか遠く旧植民地帝国の最果てからやってくるのが違うだけで、ある意味で同じ現象ではないのか。十九世紀には、あの集団的暴力は「社会問題 question sociale」〔社会の存在のしかたを問題化する問い〕という名をもっていた。そしてまさしく社会全体——社会組織のありかた、社会関係における不公平、連帯の欠如……——が問いに付されたのであった。現在では郊外の暴力についてある人たちは社会問題の回帰を語る。たしかに別のかたちをしているが、その意味するところは同じであろう、と。[1] 別の人たち〔わたしたちを含め〕は都市問題 question urbaine について語るほうを選ぶ。すなわち都市を問題化し、都市の構造とその変容を生みだすさまざまな傾向について語るほうを選ぶのである。[2]

社会問題よりも「都市問題」を語るのはたんなる言葉遣いの問題であって、同じ課題 problème を指しているのだろうか。しかりであり、かつ否である。しかりというのは、なんらかの社会的な課題〔個々の具体的な社会問題〕のかたちをとらない都市問題は存在しないという意味である。否であるのは、それらふたつの問題領域の従属関係なるものにあまり意味はなく、都市的なものは社会的なものを反射する鏡であって、さまざまな社会的な課題を空間に変換するように働くものにほかならないと考える場合である。あたかも都市的なものが社会問題を表す数式における副次的な変数にすぎず、問題を本質的には変化させないかのように見なすならば、けっきょくのところ、「郊外問題〔郊外という問い〕」とともに前代未聞の課題が出現したのだという発想を拒否することに帰着する。とすれば、わたしたちはあいかわらず社会的生産関係における敵対性や労働階級の保護の不充分さといった同じ課題を経験していると見なされることになる。暴力への訴えが起こるのは、前世紀以来高い犠牲を払って獲得してきた保護〔社会扶助と社会保障をあわせた制度全体を意味する〕の水準が下がったからにすぎないということになる。それを解決するのは保護の改善、すなわち新たに直面した脅威に保護の諸形態を適応させることによってのみ、ということになる。けれども、社会問題を状況の生じた空間のなかにおいてみたところで都市的なものを問いに付すことはできないだろう。逆に、郊外問題の都市的な次元に本質的要因を見るならば、以下のことがらについて問いを立てることにつながるだろう。すなわち、都市の特定部分にあらゆる社会的困難を集中させる原因について。そして、その特定部分が他の部分とのあいだにとりもつ関係〔交流〕の性質、そしてそのような関係〔交流〕が存在することから生じる都市の分解状況を解消する手段について。

　このように郊外問題を定義するにあたって、いかなることも容器〔都市的なもの〕と内容〔社会的なもの〕の関係にかかっている。なぜならこの関係は一義的でも安定的でもないのだから。十九世紀において都市は社会の矛盾の集積所の役割——中心的だが空間的には制限された——を演じていた。いまだ狭く相対的に閉じた都市空間のなかで金持ちと貧民が対峙することになり、そのため敵対性、暴動、政治権力の問い直しが促された。これにたいして今日では都市は社会全体を吸収したが、それと同時にそのかたちを変えた。その原因は、人びとが他人と接触するさいに経験する相対的不安全にある。不安全に煽られて現れた分離の論理は、もっとも裕福な者たちがもっとも困窮した者たちから逃るように仕向けるのであり、その結果もっとも困窮した者たちの状況が悪化するにいたった。郊外問題を特徴づける社会的および／あるいは都市的というふたつの規定のうち、後者〔都市的〕を選ぶようわたしたちが提案するのはもっともなことだと読後には理解されるだろう。この選択の根拠を説明するためには、しかし、手短にとはいえ過去へ遡らなくてはならない。すなわち、十九世紀における社会問題の出現について、その社会問題にあてがわれたいくつかの解決法について、そしてそれら解決法が都市的社会の変化により問いに付されたその次第について。

十九世紀の都市——社会的悲劇の舞台

十九世紀において都市問題より社会問題が語られるのは、当時、都市がその許容量をはるかに越える破壊的な脅威となる問題の枠組みとして、いわば外被としてのみ現れていたからである。というのも中世に形成された都市に価値があったのは、この空間が封建的隷属から解放されており、しかも田園地帯を支配した不安全から分厚い壁によって保護されてもいたからなのだ。都市は当時ある意味で社会の外にあった。領主裁判からの治外法権と壁が居住者に提供する避難場所のおかげで、都市は手工業そしてとりわけ商業によって富を蓄積することが可能であった。封建体制そしてとりわけ王権は、自由を承認するのと引き換えにこの富から利益をえることができた。

しかしながら、富裕化が社会に及ぼした影響のために、富裕化の可能性はそのぶんだけ都市にとって困難の源泉になった。なぜなら、富は近隣や遠方の田園地帯の貧民をきわめて急速に惹き寄せるのだから。そして農地が裕福な都市居住者たちの所有に帰したがために、しかもかれらが農地の住人に害を及ぼしてでも地代を取り立てるのに熱心なだけに、貧民が増え、それにつれて都市はしだいに社会の中心的空間になっていった。この空間に集中した社会的苦悩はありとあらゆるかたちで、つまり個別的には犯罪として、集団的には抗議、反逆、暴動、ついには反乱として表現されたのである。

社会問題が現れるのに好都合な枠組みとなった都市は、したがって中世に体現していたものの正反対になった。都市は、分厚い壁で安全保障された空間から巨大な「犯罪の現場」へと変貌した。城壁の内外からたえず往来があるために城外町《フォブール》が発達し、しだいに壁を無効化していく。都市はその富のゆえに犯罪者のいいかもにされた。それに犯罪者たちが城外町に見出す隠れ家は、都市警察の管轄地が城門までであるがゆえにいっそう便利であった[3]。城外町が織りなす土地はほとんど警備も維持もされておらず、完全な無秩序のイメージを与えるがゆえに、ブルジョワたちの怯えに根拠を与える。ローマ文明が蛮族に包囲されたように自分たちも犯罪種族に包囲されているというのだ[4]。これと同じ理由で都市は自由と解放を体現する能力を失った。都市に流入する貧民はそこに富の集中を発見し、自分たちの境遇の不公平を理解する。貧民は、都市のブルジョワの存在が自分たちの運命の不公平の証しだとしだいに考えるようになり、暴力をもって「善き」社会の代表を攻撃したのである。

「犯罪の現場」、「社会的不公平の劇場」。都市はもはやそのようなものでしかなかった。都市は、貧困が最大の富にたえず接触するがゆえに、社会の悲惨全体が都心でも周縁でも凝縮されるにつれて、個人的な暴力、集団的な衝突、紛争の激発に似つかわしい場所になった。

社会問題は、このような敵対性、衝突の起こりやすさと理解されるなら、社会を蝕む悪〔病〕の主要な源泉をなすことになる。なぜなら社会の構成要素どうしを対立させ、社会を統治不能にしてしまうのだから。「社会的なもの」に比べると、都市問題は明らかに二次的に見える。もちろん都市の構造や都市に敵対が生じやすくなるその次第は社会問題の一部をなすけれども、それは防波堤が高波にのまれて初めて堤が脆かったと分かるのとよく似ている。正確にいえば、都市がブルジョワジーの富の増大を生みだし、それが田園地帯の窮乏化を生みだしたとすれば、都市はみずから棹さしたプロセスの影響を被った結果、すぐに乗り越えられてしまったのだ。最初に注目すべきは、そのプロセスが及ぼした社会的で政治的な損害であって、防波堤の状態ではない。防波堤をいかに再建するか考えるよりも先に、氾濫したものを減らさなくてはならない。たとえ、今後もはや防波堤がかつてと同じではありえず、しかもなによりも防波堤の構想自体、衝突するにいたった部分どうしの関係の建て直しかたに左右されると最初から分かっているとしても。

攻撃者をひたすら追い払うこと、つまりナポレオン三世治下でオスマン〔Georges Eugène Haussmann (1809-91) セーヌ県知事（一八五三―七〇）を務める。広幅員の直線道路、上下水道の整備など現在のパリの基礎を築いた〕がしたように、手に負えない攻撃と闘うための特別な構想によって都市を改造し、その境界線の外に攻撃者を追放する試みは、持続的には機能しなかった。その後おこったコミューンの蜂起は理由なく「追放された者の復讐」と呼ばれたのではなかった。こういうわけで、暴動と革命のしるしを刻まれた十九世紀末に、社会問題が統治者たちの関心を優先的に占めたのである。いかにして社会的な敵対性を緩和すべきか。いかにして社会的な犯罪を阻止すべきか。このふたつの問い〔問題〕が都市を考え直す問い〔問題〕より優先されるのだ。都市的な領域で政策行動が本格化したのは、社会問題を敵対性と犯罪の二正面で解決しようとする政策を実行に移した後にすぎない。都市への配慮が現れたのは、けっきょくは社会問題にかかる諸政策の一種の仕上げとして、第二次世界大戦後それら諸政策を同じひとつの都市的な形式に束ねることで政策の効果を確実にする方法としてであった。

社会的なもののふたつの顔——個人の保護と社会の防衛

社会的不安全は明らかに社会問題のふたつの面のうち重要な第一の面をなしている。貧民が雇用を求めて、またそれだけでなく居住地に雇用がなくなれば扶助をあてにして都市に押し寄せるといった事態は、どうすれば避けられるのか。貧民たちに雇用を保障することによってか、それとも反対に扶助を甘受させることによってか。このふたつの方式のそれぞれが一八四八年にフランス第二共和政とともにある意味で実験された。第一の方式〔雇用の保障〕により労働を求める権利が宣言されたが、三か月後には廃止された。というのも、全額税金の補助金で新設された国立作業場への求職者が急速に増えてもちこたえられなくなり、そうなると今度は労働を求める権利が一種の無制限な扶助の口実と化したと見えたからである〔二月革命後の臨時政府は「労働による労働者の生存を保障することを約束する。すべての市民に労働を保障する」と宣言した（二月二十五日）。これを受けて二十七日に設立された国立作業場は、公共土木工事や鉄道敷設といった仕事を提供したが、わずか二か月で十万人以上に達した応募者に対応することができず、また仕事がないときに支給する手当の財源も不足するなどして失敗した。六月二十一日に廃止が議会で可決された〕。

ふたつの手法のあいだで動揺した挙句、すなわち労働を求める権利が一種の扶助になり、次いで国立作業場の閉鎖によってその扶助が廃止されたことにより、宗教戦争以来フランスが経験した最大の内乱が勃発した〔六月蜂起。二十三日からの四日間のパリを舞台とする戦闘で、政府軍約一六〇〇人、労働者約四〇〇〇人が死亡し、約一万五〇〇〇人が逮捕され、四三〇〇人がアルジェリアに追放された〕。共和政の支持者たちはこうして二重の脅威の前に立たされた。かれらは、一方では国家社会主義（労働を求める権利の帰結と思われた）の危険を、他方では法的慈善（当時、国家財源による扶助と名づけられた）の予測不能な出費の危険を、はらいのけなくてはならなかった。この脅威から、補助金で支える労働でも無制限な扶助でもない第三の手法が生まれた。十九世紀末に少なくとも理論的には支配的になった個人の社会的保護という手法である。

第三の手法は、労働者が抱える諸問題に保険技術を適用した結果生まれた。人びと全員が掛金を支払うのは、そのうちのだれかが事故や病気や老齢により働けなくなった場合、それがだれでも補償金つまり賃金の代替物を受けとれるようにするためである。この手法の利点は、それら困難のそれぞれが表す葛藤状況を悲劇でなくせるその能力に由来する。この手法によってそれらの困難を不公平ではなく偶発事故と捉えることが可能になった。偶発事故が出現するかどうかは確率計算の対象になるがゆえに、前もって計算することで各損害で請求しうる補償金の定額を確立することが可能なのである。

このように労働関係を平和にする以外に、保護〔の手法〕には経済的なものを権力問題からいわば解放するという利点があった。この保護のおかげで、経営者は少なくとも原則的には、生産性という唯一の関心にそってタスクの組織をとおして労働を組織化することが可能になった。また同様にこれによって、雇用主と雇用者の関係を確立するにあたって、購買力という唯一の争点つまり大量生産を推進するのに必要な購買力の増大に焦点をおくことが正当化された。こうして社会的保護の上昇は、大工場制が発展すること、その大工場が都市に押し寄せる貧民を吸い込むことと手を携えて進んだ。貧民たちは求めていた雇用を大工場のなかに見出し、そして内乱は、購買力向上と労働時間短縮という組合的な要求項目に道をゆずることになったのである。

市民的不安全――お望みなら犯罪といってもいい――にさいして働く原則は、社会的不安全を緩和するために構想された原則の精確に逆であるように見える。個人が生きていくなかで生産至上社会によって経験させられる危険からの個人の保護という理念にかわって優位にたったのは、個人からの社会の防衛という理念であった。この理念によれば、個人の活動により社会がさらされる危険から社会を保護しなくてはならない。なぜなら、個人には多少なりとも犯罪に向かう傾向性が明らかに具わっており、また個人が病理現象の運び手となって他の人びとに伝染させる可能性が現にあるからだ。その病理現象とは、さまざまな性感染症や変質疾患〔変性疾患〕、あるいはもっと悪いのは、それらの総合形態で二十世紀初頭に強迫的にとり憑いた、あの「先天梅毒性変質 dégénérescence hérédosyphilitique」のことだ〔一八八〇年代から普通の梅毒とは別個に、家系をつうじて受け継がれ広まる遺伝性の先天梅毒が存在すると主張する研究者が現われた。この説によれば、先天梅毒は治療不能で、各種のジストロフィーや身体障害から神経症や神経衰弱、はては気まぐれや職を転々と変える性格など道徳的逸脱にいたるまで、あらゆる身体的・心理的・社会的不適応（変質）の原因となる。ひいては犯罪者、性的倒錯者、放蕩者など退化した人間すなわち「変質者」を生みだし、究極的には民族や国家を滅すとされた〕。危険人物が媒介するあらゆる社会的な危険（じっさいは衛生的かつ社会的な）に対抗するために、社会防衛は、危険人物の害を減らし、そして可能ならばかれらを治療するために予防的に隔離することを要求する。

いかにして行為におよぶ前に犯罪者を探しだすのか。犯罪者を犯罪に向かわせる素質の徴を特定することによって。まず形態学的な徴が、ロンブローゾ〔Cesare Lombroso（1835–1909）イタリアの法医学者、犯罪人類学の創始者〕の「生来性犯罪者」理論[5]とエンリコ・フェッリ〔Enrico Ferri（1856–1929）イタリアの犯罪学者で、ロンブローゾの弟子。イタリア社会党の政治家〕の「犯罪社会学」によって特定される。このふたつにより、変質に結びつく人相と行動と、またとりわけ負の潜在力〔変質〕をいかなる統制からも解き放す社会的文脈とを同定することが可能になった。このような虞犯性の同定から少年司法が生まれた。それにより、危険になる恐れのある未成年者を家族から引き離し、隔離状態において再教育することが許容されるようになった。別の側面では、累犯は、犯罪者が非行を犯す可能性のある場所から遠いところに住居指定する制度の創設を正当化するだろう。同定と隔離という同じ図式が伝染病にも活用され、学校検診や婚前検診あるいはまたサナトリウムというかたちをとるだろう[6]。

社会住宅——個人の保護と社会の防衛の総合

一方において個人の社会的保護、他方において個人の存在により社会が経験させられるリスクからの社会の防衛という、たがいに逆向きのふたつの動きが、社会的なもののふたつの顔を表している。ひとつは身分法規にもとづく保護の顔であり、もうひとつは標準化〔正常化〕する統制の顔である。このふたつのプログラムを根本的に統一する最初の主要な実例は、社会住宅が提供するだろう。フォーディズムと結びついた機能的で衛生的な都市計画のおかげで社会住宅は、社会問題を解決するふたつの線を束ねる完璧な手段をなすのであって、もっといえば工業化が歴史的都市に科した苦痛と歴史的都市そのものを乗り越えるための原理をなすのである。

じっさいのところ社会的保護の方向性と社会防衛の方向性のあいだには、まさしく原理的な矛盾が存在する。社会的保護が個人の権利すなわち個人の自由を拡大し、個人の経験する損害を社会全体に帰責するのにたいし、社会防衛は個人が運び手となる危険を予防する名目で制約的規範によって当の個人の自由を限定するのだから。だが、この矛盾が矛盾となるのは固定的な視点から見るときでしかない。矛盾が存在するとすれば、それは社会問題を解決するふたつの方式が長期的に相互に与えあうさまざまな効用を考慮に入れない場合にほかならない。というのも、ふたつの方式をその相互作用の面から捉えるなら両者の相補性をたやすく見ることができるからだ。社会的保護の拡大は、家族の福祉を向上させることであり、したがって家族の構成員が犯罪や病気にさらされるリスクを軽減することにほかならない。同様に、リスクある個人を探しだして統制すれば、行動の標準化〔正常化〕や労働へのよりよい適応が促される。つまり労働者が保護と引き換えに要求された従順さを受忍するようになったのだ。

社会住宅は、個人の社会的保護と個人がもちこむ危険からの社会の防衛とが、たがいに与えあう相互的利益を具現するものである。一面でたしかに社会住宅は社会法の性格を帯びている。社会的保護が経済的なものの自律化、大工場における生産性と大量生産の追求を正当化したのとちょうど同じように、社会住宅は、人びとが家庭生活のために快適な空間を利用できるようにし、木賃宿《ガルニ》の仮住まいを止めさせ落ち着いた住まいに住めるようにした。人びとが労働に定着するのを保障するのは住宅を所有するという願望であり、その住宅は雇用と結びついていて雇用に付随する権利とほとんど等価なのだ。他面で社会住宅は社会防衛の名目における社会的統制の性格を帯びている。社会住宅は、伝染病を抑制するのに適した最適居住密度、空気の流量と換気、自然照明を確保するような衛生にかかる予防的規範を不断に洗練しながら組み込んでいった。また同様の規範を犯罪について定めることもできるだろう。近代的社会住宅の生みの親のひとりで人民戦線における社会党の大臣となったアンリ・セリエ(7)は、犯罪と住宅における居住密度や光度との関連を計算するのに力をつくした〔Henri Sellier (1883-1943) パリ郊外における低廉住宅HBMと「田園都市」の建設に尽力した。セーヌ県低廉住宅公社理事長(一九一四―四二)、シュレーヌ市長(一九一九―四一)、公衆衛生相(一九三六―三七)〕。かれが望んだのは、家庭生活のために快適な空間を提供し、かつその空間を衛生的に標準化〔正常化〕するという二重の効果によって「社会住宅が暴動の墓標になる」ことであった。

大規模住宅団地──反都市

「都市的なものによって社会を近代化する」。五十年代初頭から七十年代半ばにかけて行われた「大規模住宅団地」建設政策の特徴をいいあらわすのに、このティエリー・オブレ(8)〔Thierry Oblet(1960-) フランスの社会学者、ボルドー第二大学准教授。他の著書に *Défendre la ville*, Paris, PUF, 2008〕の表現よりも適切な表現は、ほとんど見あたらない。第二次世界大戦が終わったとき、そのかんに町々が大規模な破壊を被っていたために、歴史的都市のオルタナティヴとなる都市的構造物を現実化させるチャンスが到来した。それがチャンスだったのは、その再建の必要のほかに新規建設の必要もあったからだ。住宅供給について別種の問題を提起した二重の現象が生じたのである。すなわち農村人口流出とベビーブームが第二次世界大戦後の大規模な工業化という文脈から起こったのだった。

歴史的都市はそのような人口全体を受けとめることができなかったのだが、それはただ戦争で破壊されたという事実のせいだけでなく、とりわけ歴史的都市がまったく住宅向けに作られていなかったからでもあった。住宅は定義からして歴史的都市のなかで二次的な地位に甘んじてきた。歴史的都市を規定するのは、まず第一に行政や宗教や施療にかかる大きな施設であり商業機能である。それら施設のすべては都心に位置し、モニュメントとして作られ、威信と結びついていることをもって都市を体現する。それらの機能と比べて住宅は二次的なのである。住宅はそれらモニュメントの隙間に建てられたために密集せざるをえず、居住者たち――なかでももっとも貧しい人びと――は、しばしば空気と明りの欠乏を余儀なくされた。中流階層も例外ではなかった。しかも住宅は、居住者たちの貧富をそのまま反映して作られたがゆえに、一方の裕福を過剰にひけらかし、他方の貧窮を明け透けにさらした。

「大規模住宅団地」は、住居の不潔と不平等の見せびらかしにかんして歴史的都市の正反対であろうと望んだ。大規模住宅団地の誕生をもって第一位にくるのは、もはや「モニュメント」的な施設ではなく住宅である。もっと正確にいえば、住宅そのものがモニュメント的な性格を獲得したのだ。というのも、都市の周縁部に建設された巨大な塔状や板状の住棟は、その門口に、ここはまさしく近代の入口であると掲げたのだから。したがってモニュメントは消滅したのではなく移動したのだ。いってみれば権力の標章から、労働大衆に与えられた近代的な居住形態へと移ったのである。この居住形態が、大規模住宅団地の建設者たちの構想した反都市のなかで神聖化され、モニュメントに仕立て上げられた。各種の施設建物も遅かれ早かれ追従した。だが、それら施設はもはや人目を惹かなくなる。というのも、それら施設は凡庸化したために、もはや建物の集まりのなかで明確には見分けがつかなくなり、その所在地を示す標識を設置しなくてはならなくなったのだから。

こうして住宅は、都市を再定義する軸となる主要機能というより、むしろ大規模住宅団地という反都市を構成するものとなった。住宅は都市の他の機能に主調を与える。「市街化優先区域」（ZUP）は工業区域〔工業団地〕や商業区域〔商業団地〕の反響を思わせる。官庁街だけが旧都心に残る。住宅は「大規模住宅団地」方式によって平等志向の色調、「平等主義」的でさえある色調を帯びる。適正家賃住宅（HLM）は貧民向けではなく、あらゆる賃労働者向けである。聖別された定式によれば「単能工から技師まで」。それは「平均人」のために構想されており、たとえば各住戸《アパルトマン》の開口部の巧みな配置により各人がしかるべき日光を享受できるようになっている。[9]大規模住宅団地の住宅は快適で衛生的であるがゆえに、工場労働者や事務労働者にとってだけでなく、多数の裕福な家族にとっても同様に魅力的であった。裕福な家族ですら当時、古びた都市のなかでは、こうした近代の利便性を見出すことができなかったのである。

　五十年代と六十年代の機能的な都市計画はこのようにして、社会問題の解決の総仕上げに、都市を建設するにあたって十九世紀の大都市の逆をいく図式にのっとることになった。十九世紀の大都市はたしかにロマンティックであったが、紛争や犯罪を惹き起こしがちで、公害を許し伝染病を助長したのだから。大規模住宅団地は、それまでの都市とあらゆる意味で正反対のことをするのだから、そこに出現したのはまさに「反都市」であった。それは「社会を作る」にあたって以前とは違って、ただ建築構想の効率性に訴えるだけで、都会人を創出することをもってしようとはしない都市なのだ。大規模住宅団地の登場によって、居住者たちを一体にするのはまさに都市計画建築家 architecte-urbaniste になった。だが、このように社会を近代的に組織するための要石に都市計画をおいたことで反都市は同時に、都市的なものが疑問に付されるという危険を招いた。というのも、都市的なものという配置を分解しようとするあらゆる動きが、あるいはまた社会を作るという思い上がりを社会のなかから問い直そうとするあらゆる動きがそう強いるのだから。近代的な都市的なものを手段として社会を正しくしかるべく配置して、ついに社会から悲劇性を除去したがゆえにこそ、そこに社会解体の動きが生じたことそれ自体が明らかにするのは、都市的なものが破綻したこと、少なくとも問い直されているということであり、こうしたことがらによって社会問題よりむしろ都市問題について語るのが正当化されるのだ。

都市問題が七十年代以降に出現するようになったとき、多くの大規模住宅団地が貧民とりわけ「可視的マイノリティ」[10]の棄て置かれる団地へと変容しただけでなく、スプロールがもっとも辺鄙な村落的市町村までも侵蝕していた。一方で都市の輪郭が解体されるのが見られ、他方で都心では庶民的な街区が「ジェントリフィケーション」のプロセスにさらされる。いまや都市は、その構成や構想が問いに付されているのであって、十九世紀さながらの手に余る問題の受け皿ではもはやない。社会を近代化するという都市の思い上がりは、都市が壊れると同時に消滅する。それは、都市の心臓部に紛争が舞い戻ったからではなく、都市の分離という新たな問題が生じたからだ。だからもし暴力がおこるとしても二次的であるだろう。暴力は都市の分離と諸部分の近接の度合いによって規定されるのだから。もはや都市のなかに社会問題があるのではない。棄て置き、外郊外化、ジェントリフィケーションという多様な傾向[11]のあいだに緊張関係が存在するがゆえに「社会を作る」能力にかかる都市という問題があるのだ。

棄て置き

大規模住宅団地は六十年代には「都市的なものによる社会の近代化」の主要な形態だったが、数十年後には都市の危機の象徴になる。大規模住宅団地は、多くの都市住民にとって快適さ、近代性、田園風の都市という楽園の夢を体現したが、その後むしろ地獄を、いずれにしても閉じ込めを意味するものになった。そこは、他人に近づくことが危険な害悪として経験され、破壊と修復のいたちごっこにたいていい破壊が勝利するような場所なのだ。なぜこのような変化が生じたのか。

まず最初に、団地住民の社会的構成にじょじょに影響を及ぼす変化が生じたことによって。中流階級が団地を去っていった。当時の社会学者たちのいくぶん非難がましい表現によれば、団地を「逃げ出し」、「見捨てた」のだ。中流階級は「大規模住宅団地」に移り住むことをとおして近代的な快適さに初めて触れたのであり、そのさいに集団的居住の制約を受け入れた。だが七十年代以降、かれらは同じ快適さを手に入れるのに個別的居住への対価を支払うほうを選び、集団的制約という重荷を振り捨てた。そのあとに、一戸建ての夢に飛びつけるほど貯金ができた庶民階層の一部分がつづいた。こうして人びとが去った後にできた空きをうめるために、適正家賃住宅公社は、かれら以上に貧しい家族を受け入れた。とりわけ一九七七年に社会住宅の資金調達において人への援助〔住宅手当〕が石への援助〔建築助成〕の大部分にとってかわり、家賃収入が住宅供給管理業者に保障されたときに受け入れが進んだ。維持費の増大の問題が未解決のまま放置されたのは、貧困化した住民がいずれ払えなくなるのを承知のうえでのことだった。

貧しい家族のなかに移民家族の数が多く見えるようになったのは、とりわけ一九九三年に家族の呼び寄せ許可が、かれら移民の流入を誇張したときである〔「移民ゼロ」を掲げた改正移民法（パスクワ法）と改正国籍法により不法移民の追放、国籍付与と家族呼び寄せの条件の厳格化が行なわれ、その結果移入民は激減した〕。「可視的マイノリティ」の家族が団地のなかに地位を占めれば占めるほど、生まれつきのフランス人の家族はますます団地を去っていく。それは近くで暮らす軋轢を避けるためであるが、そもそも生まれつきのフランス人家族は移民家族の近くで暮らすと貶められたと感じるのである。ひとはこのような団地のことを棄て置かれた場所として組織的に語りはじめる。なぜこのような表現なのか。この表現をこの意味で最初にフランスで使ったのは、一九八三年のデュブドゥ報告である。だが、それを普及させたのはジャン＝マリー・ドゥラリュ〔Jean-Marie Delarue（1945- ）フランスの高級官僚。一九九一年から九四年まで都市担当省庁間代表連絡会議の議長を務めた。現在、刑事施設統括監査官〕である。かれは、この表現を「恵まれない市街区域」――多くの大規模住宅団地のなれのはてである――についての名高い報告書のタイトルにした(12)。この表現が強調するのは、住民が住居を半ば指定されるということである。つまり、住民が民間住宅はおろか適正家賃住宅総体の良好な部門からさえ住宅を見つけるのが不可能なのである。なぜなら住宅供給管理業者は必然的に、問題のある借家人や可視的マイノリティをもっとも遠くもっとも孤立した団地に寄せ集め、そうすることで残りの住宅の魅力を保とうとするのだから。したがって恵まれない団地の居住者たちは、自分たちの場所にとどまって、強制された内輪という様式でもってこのような状況を生きることを余儀なくされるのである。

この強制された性格が、それら街区の社会生活に見られるもっとも目立つ以下の特徴を説明する。若者たちが、他に行き場なく暮らす地域で我が物顔に振舞い、共用空間を占拠して独占支配を誇示するように他のひとに使わせない風潮。共用空間にこれみよがしに居座って、建物のホールやあらゆる通行場所（地下鉄の駅のような）で流れを邪魔したがる傾向。行政機関や学校や雇用援助センターに騙されているのではないか、それら組織に求められて傾ける労力が自分に返ってこないのではないかと恐れるがゆえの、努力することを励ますあらゆる試みにたいする不信。その手続きにたいし最大限に誠実に全力を捧げた身近な人たちがしばしばお話にならない恩恵しかえられなかったのを目の当たりにした人たちには、それらの組織はひとを陥れる罠に見えるのだ。

外郊外化

このような大規模住宅団地のあらゆる否定的な特徴のせいで、素地のあったところで伸びたのが、六十年代の近代的な都市性の変容を導く第二の線、すなわち外郊外化であった。これはあらゆる意味で逐一、棄て置きの正反対のように見える。外郊外化は、七十年代以降に大規模住宅団地から逃げ出す人びとにおされて誕生した。かれら逃げ出した人たちは、自然と一体の一戸建て家屋という夢や、もはや制約の同義語ではなくてむしろ保護する内輪であるような近隣を求めた。この保護は、財産と安全、とりわけ子どもの安全に配慮するもので、ループ状の街路を利用して、その街路に囲まれた敷地に一戸建て住宅を建てならべることで得られる。こうして共用空間は私有空間の延長になった（これにたいし、棄て置かれた街区では、私有空間は共用空間の危険からの避難所の役割をはたす）。さらに大規模住宅団地と違って、外郊外でとくに目立つのは、わざと動かないことではなくて、むしろ強制された移動性である。じっさい、仕事や学校やレジャーにアクセスするには、いくつもの乗り物を自在に使えなくてはならないし、ひんぱんでしばしば長距離の移動に慣れなくてはならない。けれどもこの強制は、よい学校とりわけよい中学に通うために支払うべき対価をなしている。そこでなら棄て置かれた団地の学校に蔓延する迷惑行為や露骨な無気力には出会わずにすむのだから。

ジェントリフィケーション

外郊外を生みだしたのは、大規模住宅団地から逃げ出せる手段をもっていた人たちが夢想した、大規模住宅団地に代わるオルタナティヴの夢であった。外郊外がますます成長することになったのは、こういってよければ、都心に暮らす庶民的階級や中流下層階級が都心にいつづけるのが不可能になったからだ――少なくとも家族を構え、もっと広い住宅の必要を感じるようになったときには。そのような場合、地価の急騰のために、かれらはもはやその場所に住宅をもてなくなる。庶民的階級や中流下層階級が去り、ほどなく旧都心の庶民的な街区には入れ替わりにもっと裕福な住民がやってくる。この裕福な住民を惹き寄せるのが、都市的なものの変容を導く第三の線をなすジェントリフィケーションのプロセスである。ジェントリフィケーションはフランスでは九十年代半ばにようやく明確なかたちをとるようになったにすぎないのだから、ごく最近の現象である。

都市におけるこの傾向は、今のところパリ以外ではほとんど確認されていない。とはいえ、ジェントリフィケーションが前述のふたつの傾向と同じ重要性を帯びるようになり、住民と生活様式について完全に異質な三つの相に都市を分割してしまうのは確実である。ジェントリファイアーたち〔ジェントリフィケーションの受益者〕のあいだでの暮らしかたはといえば、選択し選別する内輪といえるだろう。というのも、市場が身のほどを教える役割を果たすからであり、またかれらはほとんどの場合、ロバート・ライシュ[13]の表現によれば「シンボリック・アナリスト」（有名なヤッピーだけでなく研究者やジャーナリストを指すのにも使われる表現）という知識階級に属しているほどなのだから。[14]いずれにせよかれらは、団地の居住者たちのようにわざと動かないことに魅力を感じないし、外郊外の居住者たちのように強制された移動性に従うこともしないのである。かれらの移動との関係は、むしろ遍在性、つまりここでもよそでも暮らしていけるという範疇に属する。ここで難なく暮らせるのは、自動車なしで行けるくらい近くに高級なサーヴィスがあり、子どもの世話のために親がキャリアを犠牲にしなくてもすむからである。よそで難なく暮らせるのは、生活様式がジェントリフィケートされた他の大都市と類似していて、公式非公式のコネクションを気軽に使えるために全世界のリズムに合わせて暮らせるからである。ジェントリファイアーたちが日常の不安全から守られているのは、地価という不可視の障壁があり、昼夜ひっきりなしに商売する繁華街があり、公共建造物のまわりに警察官がさりげなく立っているからである。かれらが脅威と感じるのはテロリズムという不可視の脅威だけだ。テロリズムは全世界にかかわり、高級な場所や交通手段を特権的に狙うのだから。

壊れる都市

こうして、いまや社会問題よりも都市問題について語るほうがよい理由がわかる。社会が根本的に関係なくなったということではない。壁が人間よりも重要になったわけではない。ただ、社会問題と都市問題の関係の意味が変わってしまったのだ。都市は、貧民が都心に押し寄せて金持ちと貧民が対峙する事態が出来するのに比例して、紛争の劇場となった。しかしいまや問題は、もはや都市を闘技場や舞台とする紛争ではなく、社会の解体をひきおこす都市の分割、もっといえば都市の三分割なのだ。

もちろん、その都市の三分割が社会の論理とつながっていないというのではない！　ただ、社会のプロセスが姿を現すのは、それらプロセス自体がひきおこす都市的なものの変容をとおしてでしかないということである。都市的なものはもはや、諸階級を近づけるがゆえに諸階級の衝突を多かれ少なかれ全般化させるような土地《テリトワール》ではない。逆に、諸階級の分離を許容し、組織だてさえするのだ。都市的なものは諸階級を追い払い、引き離し、各階級にみあったセキュリティの形態を用意する。すなわち、都心では人目につくがゆえに安心をもたらす警察官、外郊外では定期的なパトロール隊、団地では犯罪取締特別班〔ＢＡＣと略称で呼ばれる。窃盗、暴行、薬物、売春、暴動などを専門に取り締まる〕である。また他方で、それらの地域を結ぶ交通機関での恒常的な検札は、多少なりともさりげなく税関の役割を果たすのである……。

分離が主調をなす。この分離は、社会そのものが頂点からも底辺からも生みだす忌避のプロセスに発するもので、近くに住むことが潜在的な損害に等しいある種の人びとから距離をおきたいという不安をあらわにし、部外者にたいしてはもちろん時間と空間にたいしても内輪を打ち固めて差別化するさまざまな形式を作り、卓越化《ディスタンクシオン》の作用とはもはやかかわりのない障壁を築きあげる。たしかに卓越化が働きさえすれば、ある社会的地位は自分より劣位にある地位にたいし支配的であるのを正当化したり夢見たりすることができる。そのようなブルデューのいう卓越化が作用するところでは、各階層は、少なくとも卓越化のメカニズムによって統一されたシステムのなかで、みずからの相対的優越を確認するために他の階層に依存しつづける(15)。この現象が先進諸国とりわけ合衆国における都市組織の明白な特徴をなすようになって久しい。たとえば家族の所得水準の上昇は、ほとんど自動的に、より上等な街区への引越しというかたちをとるのである。洗練された統計装置の助けを借りて同じ現象がフランスに存在すると証明しても、類似の慣習が密かに存在すると明らかにすることしかできない。

卓越化の社会学は、棄て置きと外郊外化とジェントリフィケーションからなる三極のまわりに形成されるのが見られる都市の三分割について、真の認識をもたらさない。卓越化の社会学は、むしろこうした内輪を志向する傾向を告発するように促すけれども、その傾向が生みだす、現象〔都市の三分割〕の本質にかかる対照的な諸形態を理解するのには役立たない。なぜなら、他者にたいして卓越化することは、その他者のうちにみずからを認めること、つまり他者を必要とすることでもあるのではないか——たとえある人たちより下だとしても別の人たちよりは上であると感じる満足がえられるのだから。かくして社会はまわる。卓越化が働くかぎり……。かくしてアメリカの夢〔アメリカン・ドリーム〕が機能する。とすれば、どうしてフランスの夢が機能しないだろうか。将来にとってはるかに意味深いと思えるのは、棄て置き、外郊外化、ジェントリフィケーションといった「都市の様態」のあいだに、ほとんど人類学的な断絶が出現しているということなのだ。

なぜなら問題なのは、もはや内輪の存在そのもの、つまりたんに同類を求めて安心をえることではなく、内輪の諸形態の差別化された排他的な性格なのだから。つまり、ここでは強制されており、あそこでは保護をもたらし、また別のところでは選択し選別するといった性格が問題なのだから。しかも、内輪への属しかたが、帰属することの意味や、帰属がもたらす運命や、残りの社会から承認されたりされなかったりするそのしかたに重くのしかかるのである。棄て置きや外郊外化やジェントリフィケーションといった「都市の様態」相互の内閉を考慮に入れるならば、分離する論理の射程を正しく測ることが可能になる。たとえば、相互依存感覚の萎縮や、棄て置かれた住民を出身国に送り返したい、少なくともかれらがこの国に暮らす目的を攻撃したいという中流下層階級が囚われる誘惑である。これらは、社会の不安定化要因として経験される移民流入というあの「下からの」「グローバリゼーション」である。それに中流下層階級が、「上からの」グローバリゼーションと結びつく新興階級から連帯を拒否された——残りの国民といっしょくたに——と感じるだけに、かれらが自分の所得を、自分の社会の平均所得というよりも、海外で同じ仕事をする人びとの賃金を基準に測るはめに陥るように見えるかぎり、こうした傾向はいやましに強まる。中流下層階級が税の再分配をつうじて社会全体の連帯に貢献することにますます嫌な顔をするようになるのだから。こうした二重の不安定化から、社会の中心的集団の防衛的な苛立ちが生じているのだ。

いまや政治的な課題は、もはや卓越化《ディスタンクシオン》の精妙な作用や、その卓越化が、本当なら社会を揺るがすはずの根本的な葛藤を隠蔽して正当化する支配の効果を跡づけることではない。そうではなくて、「分離する論理と対決すること、さ迷う都市の諸大陸〔棄て置かれた団地、外郊外、ジェントリフィケートされる都心〕を懸命に掻き寄せること、そして、経済のネットワーク論理のせいでもはや緩く流動的にしか連携せず自足的になった生きかたをもって「社会を作る」ことなのである。わたしたちはいつも「ザッピング」して、他人の生きかたや考えかたを見ずにすませてしまう。かれらのことはついにテレビ画面でしか見ることがないのだし、現れるやいなや消してしまうこともできる。もっとも、かれらの「表現する暴力」が注目を強い、わたしたちが我関せずの態度にとどまるのを許さず、政治的危機の閾を越えるときは別だ。こうして郊外の危機は、未来を奪われていると知っている団地の若者たちの憤りを表す——つまり、若者なりの流儀でおれたちは騙されないぞと示してみせる表現だ――のであり、したがってこの危機は、かれら若者がわざと卑下して使う「くず」といった言葉を逆手にとってかれらに投げつけ、かれらをいま以上に排斥するのを許しはしないのだ。

中流階級の不満が同じく「許容限度」の閾を越えた外郊外では、かれら中流階級は、泥舟と化した社会的上昇モデルにますますしがみついて暮らしており、下からのグローバリゼーションの脅威と、上からのグローバリゼーションの受益者から浴びせられる軽蔑とのあいだに捕われて右往左往している。この不満は、棄て置かれた街区の暴動ほど目立たないように見えるが、基本的にいって、人口のこの部分〔中流階級〕が極左か極右に投票する傾向を強めていることから判断すれば、おそらく重要でないとはいえない。なにしろこれまではあらゆる状況から、この階級が民主主義社会の主要な担い手の役割を果たすよう促されてきたのだから。

したがって分離する論理に直面して判明するのは、都市を維持できる可能性、すなわち都市の断片のあいだにつながりを持続させうる可能性が問われているということである。断片のそれぞれが棄て置き、外郊外化、ジェントリフィケーションというかたちで内閉し結晶化していっているのだから。都市はコミュニケーションの場であり、都市に暮らす人びとそれぞれにとって可能な生成の場であるというアイデアが、問いに付されているのだ。このような断絶のことを考えると、都市はもはやひとつのアイデアにすぎない。だが、社会を崩壊させるのではなく存在させるためには、かつてなく必要なアイデアなのである。

注

（1）このような立場を主張するもののなかでもっともよく知られた著作はロベール・カステル Robert Castel の次の著作である。*Les Métamorphoses de la question sociale. Une chronique du salariat*, Paris, Fayard, 1995; Gallimard, coll. « Folio Essais », 1999.〔『社会問題の変容』前川真行訳、ナカニシヤ出版、二〇一二年〕

（2）ここでは、エスプリ誌 Esprit の「三重構造の都市 La ville à trois vitesses」というタイトルの特集号（二〇〇四年三月―四月号）と、Jacques Donzelot (avec Catherine Mével et Anne Wyvekens), *Faire société. La politique de la ville aux États-Unis et en France*, Paris, Le Seuil, 2003を引いておこう。

（3）Cf. John M. Merriman, *Aux Marges de la ville. Faubourgs et banlieues en France (1815–1870)*, Paris, Le Seuil, coll. « L'Univers historique », 1994.

（4）Cf. Louis Chevalier, *Classes laborieuses et classes dangereuses à Paris pendant la première moitié du XIXe siècle*, Paris, Hachette, 1984.〔ルイ・シュヴァリエ『労働階級と危険な階級』喜安朗、木下賢一、相良匡俊訳、みすず書房、一九九三年〕

（5）Cesare Lombroso, *L'Homme criminel*, Paris, 1887; Enrico Ferri, *La Sociologie criminelle*, Paris, 1893.〔エンリコ・フェルリ『犯罪社会学』山田吉彦訳、而立社、一九二三年〕〔イタリア語初版はそれぞれ一八七六年、一八八一年。〕

（6）Cf. Patrice Bourdelais (dir.), *Les Hygiénistes. Enjeux, modèles et pratiques*, Paris, Belin, 2001.

（7）Cf. Katherine Burlen (dir.), *La Banlieue Oasis. Henri Sellier et les cités jardins 1900–1940*, Saint-Denis, Presses universitaires de Vincennes, 1987.

（8）Thierry Oblet, *Gouverner la ville, op. cit.*

（9）この点についてはジャン・パトリック・フォルタンの次の著作を参照。Jean Patrick Fortin, *Les Grands Ensembles*, PUCA Éditions, 1999.

（10）「可視的マイノリティ」という表現はカナダ起源のもので、ロランス・メエニュリ Laurence Méhaignerie とヤジド・サベグ Yazid Sabeg がその著作 *Les Oubliés de l'égalité des chances* において取りあげた。この著作はモンテーニュ研究所〔Institut Montaigne 二〇〇〇年に設立されたフランスの民間シンクタンク〕が二〇〇四年に刊行した。

（11）この三幅対については、エスプリ誌の「三重構造の都市」というタイトルの特集号（前掲）を参照されたい。この特集号は、現代の都市問題を、棄て置かれた街区の視点だけではなく、都市空間に現れる分離の論理をとおして都市空間全体の視点からも考察し、この問題についての基礎的な政治的定式を作成しようと試みている。

（12）Jean-Marie Delarue, *Banlieues en difficulté. La relégation*, rapport au ministre, Paris, Syros, 1991.

（13）Robert Reich, *L'Économie mondialisée*, Paris, Dunod, 1993.〔ロバート・ライシュ『ザ・ワーク・オブ・ネーションズ』中谷巌訳、ダイヤモンド社、一九九一年〕

（14）アングロサクソンの語彙では、ジェントリファイアー gentrifiers という用語は、貧しい街区に住み着く裕福な住民を指すのに用い、ディスプレイスト displaced という用語は、地価高騰についていけないために貧しい街区を退去することになった人びとを指すのに用いる。

（15）エリック・モランが最近おこなった分析は、むしろこの卓越《ディスタンクシオン》化の社会学に属しているだろう。Cf. Éric Maurin, *Le Ghetto français. Enquête sur le séparatisme social*, Paris, Le Seuil, 2004.

第二章　都市に対処する政策
——社会的混合の名における遠隔作用による住居対策

みんな〔集団〕で都市を作り直す。[1] 一九八三年に都市政策を開始したデュブドゥ報告のタイトルは、長い論説よりも巧みに争点と提案プログラムの本質を述べている。大規模住宅団地がひとつの都市を形成しないこと、もっといえば大規模住宅団地が十九世紀の都市のような群集と喧噪と憤怒の都市にとってかわるオルタナティヴになり損ねたことを、このタイトルよりも陰鬱に物語ることはできない。創造主としての都市計画建築家というヴィジョンが破綻したのであり、したがって都市を作るのは、もっといえば都市を作り直すのは住民の役目なのだということを、このうえなくうまく述べているのである。なぜなら無から都市を建設できると主張したところからとりわけ真っ先に都市が分解してしまったのだから。都市を作り直すという企図こそが、集団を現出させ、言葉の実効的な、もはや空想的でない意味で社会を作るのだと思われる。都市を作り直す責を負う「集団」は、デュブドゥ報告の執筆者たちによって、街区の居住者たちを地域の水準で動員すれば生みだせるものと考えられた。そのさい居住者たちは、団地を中流階級にとって魅力あるものに戻すように修復に力をつくすことを要求された。そして分権化がはじまる文脈のなかにあった当時、地方議員たちは国の行政と協調して、そのようなダイナミズムを契約の手法でもって現実化するよう求められた。

都市政策の内容、哲学、方式

街区の社会的開発、住民構成の社会的多様化、契約化。この三つの標語が、それぞれ都市政策の行動の内容、都市政策の基盤をなす哲学、そして都市政策の方式に対応する。この三つの側面のいずれもが四半世紀のあいだに被った変化は、ゆっくりとだがしだいに決定的なものになった。その意味でこの三つの側面は、都市政策の歴史についての読解格子をわたしたちに提供するだろう。つまり都市政策の構成要素とその変化を検討する手段となるのだ。都市政策の三つの側面のいずれにも影響を及ぼしたいくつかの変化の道筋をたどるならば、一貫性のないプログラムの積み重なり（これは都市政策の宿命である。都市政策の失敗——少なくとも相対的な——を確認するたびに繰り返される言説を信じるならば）をお定まりで嘆くのよりも、都市政策について啓発的な理解をえることができる。以下に示すように、都市に対処する政策〔都市政策〕の変遷にはむしろ固有の方向性があったのである。

デュブドゥ報告が導入した「街区の社会的開発」（ＤＳＱ）は、住民に照準を合わせた政策行動、すなわち、当該街区の状況を変えるには住民のうちにある潜在力を開発するのがとりわけ望ましいという考えを中心にした政策行動に対応する。この手法を実行した結果、失望が生じたがゆえに、〔公共〕サーヴィスと雇用にかんして街区（「区域《ゾーン》」と呼称される）が被る損失への手当てが強調されるようになる。ついでもっと根本的に住居そのもの、つまり住居の建築構造や市街地域における住居の配置の負の影響が強調されるにいたる。このようにして住民にたいする配慮から住居にたいする行動へと移行したのである。

　このような政策の内容の変化は、都市問題への対処法としての社会的混合という哲学がますます確立されるのと軌を一にして進んだ。あらゆることがらがあたかも次のように進行した。すなわち、政策の当初に居住者たちにおかれた信頼が、都市の社会的開発が進むにつれて当の居住者たちの統合の不足および／あるいは困難のゆえに、不信へとしだいに変わっていったかのように。あるいはまた、居住者たちが惹起する問題の解決法を思い描けるのは、かれらを地域的にどれだけ広い範囲に追い散らせるかにかかっており、それで中流階級が戻ってくれば、その波及効果が居住者たちに及び、かれらの無気力も気まぐれな暴力性向も終わらせることができるかのように。だが中流階級を戻ってこさせるためには、中流階級のために場所を空けてやり、住居を改修し、一部を取り壊し、所有権付与型の一戸建て住宅〔一定の優遇措置を受けながらローンで購入できるタイプの住宅。賃貸、転売できないなど所有権に一定の制限がある〕のようなタイプの住宅を新たにつけくわえて、中流階級の目に魅力あるものにしなくてはならないだろう。そのような住宅は明らかに大部分の団地の居住者には手の届かないものであるから、かれらの一部は追い散らされてしまった。新しい都市工学の専門家たちに親しい表現でいえば、都市的なもののなかで「分散」して再配置されたのだ。

社会的混合の哲学は議員たちを喜ばせた。かれらは、厖大にすぎる可視的マイノリティを目の前にして中流階級が自分たちの市町村から逃げ出してしまい、そのせいで市町村が都市に対処する政策〔都市政策〕の「哀れな」範疇に落ち込んでしまうのではないかと恐れていたのである。またさらにこの哲学は、社会住宅資産を管理する供給管理業者の心も動かした。なぜならこの哲学は、一方ではるか昔に減価償却ずみの建物——問題ある住人たちのことも考えあわせると、供給管理業者の目にはもはやほとんど面倒の種にしか映らない——を無償で厄介払いできる可能性を提供するからであり、他方では中流階級の顧客層を再獲得するという狙い——供給管理業者の本来の使命に適い、しかも高級な建物を建設するのに適した敷地を回収するのに取り壊しをもってするやりかたと一体をなす——にふさわしい建物を建設するのを可能にするからである。しかもこのような見通しは、フランス企業運動（Ｍｅｄｅｆ）〔日本の経団連に相当する企業経営者団体〕を筆頭とする社会的パートナーを惹きつけた。というのもかれらは、社会住宅の資金調達名目で企業の賃金総額をもとに徴収される「百分の一」〔「住宅一％」〕。「建設努力への雇用主参加」の通称。一九五三年、従業員十名以上の企業にたいし、賃金総額の一％に相当する額を毎年、社会住宅建設のために供出することが法的に義務づけられた。九十年代以降、企業の負担は段階的に軽減された。二〇〇九年に「住宅行動」と改称〕から自分たちのために利益を引き出せる可能性をそこに見ることができるからだ。つまり、この投資が民間企業の年金基金を予定期日に――十五年後に――均衡させるのに貢献するという利益である。とりわけ、次の数十年のあいだ民間企業が経験する困難のことを考慮に入れるとき、それは利益である。

このような地域の「社会的」アクターたちの関心に譲歩するために、しだいに契約的政策は放棄され、別の手法にとってかわられた。この手法は、もはや国と地方自治体の合作に基礎をおくことはせず、自治体にたいする競争入札で分配する中央機関を頼りにする。これによれば、自治体が政策行動の振舞い〔運営〕についてただひとり責任を負うことになり、中央機関は自治体の「振舞いを導く」――この統治方式を記述するのにうってつけのミシェル・フーコーが考案した定式によれば――にとどまる。八十年代初頭に開始されたとき契約的政策は、国と市町村を筆頭とする地方自治体を、都市の社会的開発事業の対等の独立したパートナーとした。国と自治体はいっしょに全体プロジェクトを練りあげた。ついで各パートナーは、それぞれ固有の行政機構が許容するリズムに従って、引き受けた分担金を提供してきたのである。しかしながら、地域のアクターに依拠すること、分権化の進展が議員に授けた自律性〔自治権〕に依拠すること、経営戦略の幅を広げたいという住宅供給管理業者の欲求に依拠すること、出資金を特典つきで回収したいという「社会的パートナー」の欲求に依拠すること。こうしたことがらが魅力的に見えてくればくるほど、かれらの再生プロジェクトへの資金供給は、取り壊しの予定数に比例することになったのだ。かくしてわたしたちが目撃したのは遠隔作用〔遠隔行動〕という手法の修業時代なのである。この手法によって政府は、地域のアクターたちの振舞いを方向づけるために、奨励のメカニズムだけでなく「都市連帯再建」（ＳＲＵ）法に定められたように市町村に制裁と罰金を課すメカニズムにも従うことになった。こうしたことがらの帰結として、市町村が、住宅を用いて社会的混合を改善する役割を担うことになったのである。

住民、媒介者、住居

都市政策の開始以来、都市政策の名のもとに実施されたいくつものプログラムは、以前のプログラムを終了しないまま積み重ねられた。それは、複数年次にわたる取り組みであることが考慮されたからでもあり、また中央政府が政治的色合いを変えた場合にも左派であれ右派であれ地域の議員たちが享受してきたがゆえに擁護する公然たる利益のことが考慮されたからでもあった。しかしながら、政権交代や内閣改造〔大統領の権限で行われる内閣改造は首相の交代もふくむ〕とは別に、この政策の内容に影響を及ぼす傾向というものが存在するだろうか、それとも存在しないだろうか。

都市政策の枠組みのなかで積み重ねられた行動には三つのタイプを特定することができる。

まず最初に「都市の社会的開発」（DSU）が「住居と社会生活」プログラム（一九七七年）をもってはじまり、「街区の社会的開発全国評議会」の創設（一九八一年）とともに八十年代に開花した。この方向性は一九九〇年以降衰退した。「都市の社会的開発」の呼称が政策の看板に残りはしたものの、政策は照準を地域の積極的差別にあわせて方向転換したのだ。積極的差別は一九九一年から一九九七年（ジュペ内閣の終わった時期）にかけて大きな発展をみた。この政策行動はそれ以後も継続され、ある程度は今日にいたるまで続いている。だが一九九七年以降に第三の方向性へと緩慢にずれていったのが見られた。すなわち都市再建（左派によれば）または都市再生（右派によれば）という方向性である。この最後の方向性は今後しだいに際だっていくだろうが、だからといって都市の社会的開発にかかわるいろいろなアソシアシオンへの特別融資や、地域の積極的差別の一環である〔公共〕サーヴィスや雇用についていわゆる困難街区が被る損失をうめる補償が完全に廃止されることはないだろう。

これら三つのオプション――社会的開発、地域の積極的差別、都市再生――は、じっさいのところ都市政策のはじまりから存在していた。だが、いずれのオプションも、それが開花し発展するのは、他のふたつの相対的な失敗におうじてであり、またよりソフトなものからよりハードなものへいたる順序に従ってであった。したがってこの積み重なりにはひとつの方向、ひとつの方向づけがある。つまり「住民」の価値向上から出発して、ますます「住居」の改良のほうへ進んでいくのである。(2)

住民

第一のオプション、都市の社会的開発というオプションは、現時点から振り返って見れば、五十年代と六十年代の偉大な成果だった「都市的なものによる社会の近代化」の失敗を局所的〔地域的〕に是正しようという意志として現れた。もちろん大規模住宅団地は、もはや勝ち誇る都市計画の威信に彩られてはいない。それはもはや都市のオルタナティヴではない。つまり都市の過密や清潔さと明るさの欠如のオルタナティヴではない。魅力はもはや失せてしまった。団地の社会的構成が変わり、その影響が共用空間の維持に及んだ。職業の展望もなく、退屈し、拒絶されたという漠然とした感情を抱くにいたると、住民たちは、とりわけもっとも若い人たちは、かれらを指導するためになされる努力に難癖をつけ、他に行き場なく住まわされた住居を壊しにかかる。けれども、大規模住宅団地は社会政策の決定的な象徴でありつづけるのだ――その政策には「魂の補完」だけが欠けているとしても。

したがって、大規模住宅団地の物理的かつ社会的な荒廃に直面したデュブドゥ〔Hubert Dubedout (1922-86) 社会党の政治家。自治体行動グループの創設者（一九六三）。グルノーブル市長（一九六五―八三）、国民議会議員（一九七三―八三）〕のチームがたどりついた考えとは、すなわち、都市的なものによる社会の近代化という任務は、以前よりも困難になった〔だけ〕で、性格が変わったのではない、ということだった。「都市的なものによる社会の近代化」はもはや都市計画建築家の魔法だけでは不可能である。現在必要なのは、居住者たちが住居の現状を把握し、アソシアシオン活動の力や議員への圧力によって社会生活の開花に必要な施設を誘致することである。賃労働者たちをよりよい住まいに住まわせるだけでは充分でない。かれらを市民にしなくてはならないのだ。幾人かのひとは、まさしくユベール・デュブドゥと同様に六十年代以来そのことをよく理解していた。デュブドゥが長く市長を務めたグルノーブルは、ひところアソシアシオン活動を先導する都市であった。アソシアシオン活動がなければ大規模住宅団地は、古びた都市に代わる希望のオルタナティヴを提供するという約束を守れる見込みがなかっただろう。逆に、快適さのなかで居住者の一人ひとりを孤立させるがゆえに、大規模住宅団地はむしろ都市共同体の死を体現するおそれがあったのだ(3)。

ユベール・デュブドゥの言によれば、市民性の発展を都市計画の発展に結びつけ、街区ごとに行動指針をつくり、居住者にたいしかれらに関係するあらゆる主題について発言権を与えなくてはならない。そして、六十年代から七十年代初頭においてはアソシアシオン運動はグルノーブル市の団地にまだ多く存在していた中流階級に依拠していたぶんだけ、かれはいっそう首尾よくその企てに成功することができた。そのアソシアシオン活動にたいし中流階級は将校を供給し、労働者たちは兵隊の役割を果たして、団地生活を活性化するのに欠けていた施設を獲得した。だが、ひとたび中流階級がいなくなってしまうと、いのこった白人フランス人の労働者たちは多数の移民の到来に直面することになる。移民しか空き家への入居候補者がいなかったのだ。そのとき白人労働者たちも移民たちも互いにもう一度アソシアシオン活動をはじめるより、自己の殻に退却する傾向をもつようになった……というのも、移民についてはアルジェリア戦争中にかれらの集会が惹起した恐怖がまだ意識されていたからである（移民が合法的に結社する権利をもつのは一九八一年以降のことにすぎない）。以上が物語るのは、八十年代初頭にユベール・デュブドゥが街区の社会的開発全国委員会の委員長に任命されたとき、かつてかれの成功を生んだ諸要因がどれほど欠けていたかということである。かれは、一九八一年夏に勃発した有名な暴動に応えるために、恵まれない街区の立て直しのための提案を作成しなくてはならなかった。しかしながらかれの手中にあった行動計画は、その構成要素のすべてであるいはほとんどをすでに失っていた。

今から振り返ってみればかなりやさしく見える条件のもとで行われたことを、かくも難しくなった条件のもとで、どのようにして実現できるだろうか。デュブドゥ委員会に提起された問題はこのように要約できるだろう。委員会はグルノーブルを拠り所にしたが、また同等にルーベ市の街区アルマ＝ガールをも拠り所にした(4)（ルーベ Roubaix は北フランスのノール県にあるベルギー国境の都市。リールと市町村連合を形成している。アルマ＝ガールはルーベ駅に近い北部の街区）。アルマ＝ガールの居住者たちは、かれらが住むクーレ〔courée リール、ルーベなどフランドル地方特有の、十九世紀の工業化を背景に繊維業企業が建設した長屋風の労働者住宅。近年は、都市再生により伝統的庶民的景観として観光資源化されることもある〕の破壊を予定していた再生事業からアルマ＝ガールを救い出すことに成功していた。クーレは、個別の家屋に住む居住者たちに共生《コンヴィヴィアル》的な生活環境を提供してきた。かれらの家屋は共用通路をはさんで軒をつらねていて、その通路の真ん中に水くみ場が彩りをそえている。

このような環境を守るための居住者たちの闘いがデュブドゥ委員会の興味を惹いたのは、それが「貧しい人びと」でも――つまり中流階級だけでなく――居住環境の質を保全するために闘うことができると示したからであった。というのも、適正家賃住宅公社が表だって打ち出した問題がまさしく、修復が追いつかない建物の破損であり、居住者の社会的条件が下落するにつれて住居への集団的関心が失われることであったからだ。その点でアルマ＝ガールの活動家たちは、ひとつの事例であるだけでなく、ひとつの概念を、まさしく社会的開発という概念をもたらした。経済的開発の観念を「社会的」対象にある意味で転移させた産物であるこの概念から理解されるのは、住民はいかに貧しくとも関係形成と行動能力の潜在的富をもっているのであって、その潜在的富はただ開発されるのを待っているにほかならない、ということだった。それは、土地は必要な投資がなされないかぎり低利用状態にとどまるのとまったく同じである。

したがって「街区の社会的開発」が立脚した考えは、社会生活を開花させるには投資――財政的および技術的――をすればよいというものであった。住民の潜在的な社会的富から出発することで、恵まれない団地の諸問題は、まず最初に物理的破損についてひとつの解決法を見出したのであった。社会的開発とは、本質的にはアソシアシオン活動への財政支援のかたちをとり、居住者が自分たちの街区の問題解決に取り組めるようにすることである。こうして誕生したのが「街区事業体」である。このアソシアシオンは、外部の企業に頼ることは避けながら、居住者たちを雇用して訓練し、維持と補修をおこなう。このアソシアシオン活動は、また学校のようないくつかの機関を支援しなくてはならない。だがとりわけ住宅や共用空間の修復に、アソシアシオン活動は取り組むよう求められたのであった。

下からのイニシアティヴから出発するという配慮は魅力的だけれども、街区の社会的開発政策は、しかしながら普及するにつれてだんだん官僚的になり、上から強制されるものになったように見えた。一九九〇年の暴動は一九八一年の暴動よりも暴力的で、とりわけより広い範囲に拡大したが、それが示して見せたのは、街区事業体のようなアソシアシオンは団地の問題への解決の切り札をもたらさないということだった。したがってその日付以来、アソシアシオン活動への支援プログラムは二の次の位置に退くことになった。

媒介者

地域の積極的差別戦略は、街区には固有の富がありそれを開発すればよいという考えから断絶する。この戦略はむしろ、当該街区は構成的欠陥に苦しんでおり、それを補償しなくてはならないという前提をおく。その欠陥は〔公共〕サーヴィスの質と雇用供給量にかかわる。どちらをも対象とする措置が、フランソワ・ミッテランのブロンでの名高い演説[5]をきっかけに一九九一年にはじまり、そして一九九六年の「都市振興協定」をもって強化された。

初期においては力点はとくに〔公共〕サーヴィスにおかれた。考えかたが「開発主義」から断絶したのは、もっと厳密な「共和主義的」考えかたに戻るためである。かりに国土のうえで、ある街区が他の街区よりもうまくいっていないとすれば、その原因は、共和国が他の地域ではもっと公平に供給しているもの、すなわち公共サーヴィス――その給付は理論上は質とアクセスしやすさの点で平等でなくてはならない――が局所的〔地域的〕に不足しているからにほかならない。

さていまや、この〔公共〕サーヴィスへのアクセスが団地の居住者にとって問題となる。均等に設置されているように見える小学校をのぞけば、他のすべてのサーヴィスは他の街区よりも数が少ないか、あるいはアクセスしにくい。学校はといえば、逆に質が問題になる。教員のきわめて多い欠勤ときわめて早いターンオーヴァー〔低い定着率〕が授業を阻害する。すでに生徒たちが授業をきわめて難しくしているのに。同じことが警察官や郵便局員にもいえる。かれらの苛立ちがしばしばサーヴィスの効率を悪くするのだから。しかも、サーヴィス供給者と住民のあいだの文化の溝をうめるために、その街区では労力が余計に必要となる。ここから導かれる考えが、当該街区での仕事に必要となる労力の超過分を考慮に入れ、それにおうじて担当の媒介者に報酬を支払うということである。いいかえれば、それは媒介者に賭ける戦略である。社会統合と〔社会的地位の〕上昇の希望が媒介者の肩にかかっているのだ。

雇用にかんしても一九九六年の「都市振興協定」が同じ筋道をたどることになった。なぜこの街区には大量の失業があるのか。企業が遠すぎるところにあるからだ。なぜ企業はこの街区に来ないのか。治安とイメージの点でこの街区に不都合があると見ているからだ。どうすれば企業にそのような躊躇を克服させることができるのか。補償となる特典を企業に提供することによって。企業収益税の免除だけでなく社会保障負担の免除によっても、既存の企業の現在地への残留を、そして他の企業の誘致さらには新規設立を動機づけることができる。このようにして「市街免税区域」〔ZFU〕が誕生した。

公共サーヴィスの媒介者への奨励にせよ、あるいは私企業の責任者への奨励にせよ、考えかたはまったく同じである。この考えかたの本質は、不平等（な取り扱い）を働かせて結果の平等に奉仕させることにある。この手法は積極的差別という呼称を受けとった。これはアメリカのアファーマティヴ・アクションのフランスでの翻訳である。周知のようにアメリカのアファーマティヴ・アクションは雇用や大学入学について割当ての原則を、とくに民族マイノリティに適用するものだ。けれどもフランス式の積極的差別は、人びとにではなく地域に適用するという点で、あるいはもっと正確にいえば、その地域における国家の媒介者あるいは企業に適用するという点で、アメリカのそれと顕著に異なる。人びとがこの戦略の対象となるのは、人びとの住む地域に特別な損失が明らかであり、空間において、そして原理的には時間において局所化されているかぎりにおいてでしかない。じっさいのところ、一般法にたいする特例扱いを恒久化して、法的な二重体制を創出するリスクを冒すことは問題になりえない。

恵まれない街区を標準すなわち諸街区の平均値に引き上げるのをその本質とするこの戦略は、ふたつの誘惑――そのぶん障害でもある――のあいだで揺れた。ひとつは、特別手当の利益を次から次へと同じ職域の媒介者全員にまで広げることである。これはたとえば警察でおこったことである。警察は、階級制に依拠するきわめて強力な組合活動のせいで下部組織に左右される――その点でそれ以上だと思われている教員よりもはるかに顕著に――ので知られた職業である。もうひとつは、特例であるのをよいことに、その適用期間を延長して利益を見込み以上に増大させることである。これは「市街免税区域」におこった例であるが、この措置により街区内に雇用が創出されるかわりに隣接地区で失業が増大するという不都合が生じた。

したがって、地域の積極的差別という戦略は、一九九七年以降、二の次の位置に退くことになった……たとえ、日付のうえで最後の都市担当大臣であるジャン＝ルイ・ボルローが二〇〇三年に市街免税区域を約五十から約百へと倍増するのが妥当だと信じたとしても〔二〇〇四年三月の第三次ラファラン内閣以降、〇七年五月のフィヨン内閣で復活するまで「都市担当」の大臣は存在しない。市街免税区域は、九六年に四十四の区域が指定されたのがはじまりで、その後〇三年に四十一区域、〇六年に十五区域が新たに指定された〕。ボルローがこのように社会＝経済的積極主義にもとづく措置によって試みたのは、都市政策に付与された資金を再生の分野でほぼ独占的に使用することのうめあわせだった。なぜなら免税区域のコストは……国家の儲け損ないだけだからだ。ヴィルパン内閣が既存の免税区域に十いくつかの新規区域を最近追加したことが物語るのは、この種の措置を政令《デクレ》で発令するのがまさに安易であること、すなわちこの措置には一時的には痛みがないという特徴があるということである。支出をただちに増やすことにはならないけれども、収入をじょじょに減らすことになる。その意味で免税区域は、あらゆる国においていつも右派政権のお気に入りなのである。

しかし免税区域は、貧しい民族マイノリティが狭い地域に寄り集まるのをほとんど変えない。免税区域が地域の商店だけでなく企業家を何人かでも惹き寄せるのを見たいと思うなら、免税区域はむしろ治安管理の重要性を際だたせることになる。不安全ないし不安全への懸念が、貧民と可視的マイノリティだけが住む街区というイメージと結びついている。そうした不安全にたいする闘いや秩序への関心や不安全の自覚から、ある程度の社会的混合を、という要望とその手段としての都市再生が生まれることになる。この都市再生をもって都市政策の第三段階がじょじょに舞台の前景を占めるようになるだろう。

住居

都市再生によって住居に働きかけ、そして恵まれない街区の構造を変えるという考えは、九十年代末に一挙に出現したのではもちろんない。こうした考えは、一九七七年の「住居と社会生活」の手続きや「街区の社会的開発」の手続きのなかに、修復というかたちでしかないとしても、ある程度はすでに存在していた。大規模住宅団地にたいする基本的に物理的な処置は、もっとも孤立した街区の相貌を変えるべく九十年代初頭に開始された「市街大規模プロジェクト」（GPU）として実現されていた。だがこの手続きはごく限られた数の街区（十三地点）に適用されただけであり、しかも実験的なものと規定されていた。この手続きを九十年代末に五十ほどの地点に拡大した形態が「都市大規模プロジェクト」（GPV）である。これは、物理的処置（都市計画、交通輸送、住宅）に、経済的および社会的次元を同格の重みで考慮してつけくわえることではじめて実施可能なものとなった。

建物のテーマになぜこれほど慎重になるのか。なぜなら、大規模住宅団地の取り壊しには一種のタブーが存在してきたからである。タブーは、大規模住宅団地を構想した人たちを怒らせるリスクだけでなく住民たちを怒らせるリスクにも由来する。大規模住宅団地は、国土整備省〔日本の国土交通省に相当〕にとって存立にかかわる大事業である。くだんの団地が問題ある場所になってしまったことを、国土整備省の責任者たちはすすんで認めてきた。だがすぐさま、大規模住宅団地の居住者の多数派が中流階級でありつづけるところには問題が発生しないと指摘することだろう。したがって建築物は、貧しい移民の居住者ほどには問題にならない。かれらの考えでは、居住者たちは、ただたんに集住という事実によって別のところでも同じ問題をひきおこすことだろう。貧しい移民の居住者たちはといえば、いかなる取り壊しプロジェクトも自分たちを追い出す徴候と受けとって暮らしてきたのであり、また変わらず暮らしていく。「バンリュー89」と呼ばれる建築家のグループが一九九〇年〔十二月四—五日〕にブロンにおいて組織した有名なシンポジウムは、居住環境の改善というみせかけのもと追い出されるのではないかという居住者たちの恐怖感を鋭く表明する機会となった[6]。「大規模住宅団地と決別するために」と題されたシンポジウムが公然と掲げた目標は、建築家グループの理想と完全に合致していた。だがこのシンポジウムの直前に大規模な暴動がフランスのあらゆる団地、とりわけリヨン郊外の団地を揺るがしていた。シンポジウムはそのリヨン郊外で開催された〔シンポジウム開催地ブロンは、十月に勃発した暴動の中心地ヴォ＝アン＝ヴランと同じくリヨンの東部郊外にある〕。こんな一幕があった。団地の若者の一団が集会場に乱入してきて、主催者のロラン・カストロ〔Roland Castro（1940– ）フランスの建築家、左派社会運動家。二〇〇八年にサルコジ大統領が発表したパリ市と郊外を統合的に再開発する「パリ都市圏の大いなる賭《パリ》け」いわゆる「グラン・パリ」構想にも参加した〕にたいし、破壊という目標は誤りであり、この目標は——意図しないにせよ——団地に住む人びとに侮辱と映ると認めよと要求して認めさせたのであった。

取り壊しについてのタブーはじょじょにしか消滅しない。タブーが消滅するのは、まず第一に、不安全増大の効果によってである。不安全は暴動以上に否定的なものとして団地と結びつくだろう。今後、取り壊し予定の建造物を不安全が支配していることをもって正当化されない再生プロジェクトはほとんどない。次に、「これみよがし」にイスラームを示威する行為を理由としてである。同じひとつの「共和主義」コンセンサスが、都市再生法と校内ヴェール着用禁止法〔二〇〇四年三月に可決された公立小・中・高等学校における世俗性原則の適用にかんする法〕を中心に打ち固められる。だがもっとも決定的な要因は、地方議員にとってはおそらく、都市の危機の変化、つまりスプロールと都心の不動産コスト高騰がもたらす悪影響のなかにある。なぜあの塔状や板状の住棟群をもったいぶって残しておくのか。広大な敷地を占めるうえに問題しか生まないのに。その土地を自由にできるなら、都市における住宅コストを軽減し、しばしば未練を残して外郊外へ逃げていった中流階級の一部を呼び戻すことができるのである。大規模住宅団地の所有者と管理者が当てにしているのは、まさにこのような関心である。つまり、貧民向け住宅のたんなる管理人ではなく「都市企業家」に〔ふたたび〕なるという、自分たちの可能性を当てこんでいるのだ。

社会的混合という理想

いろいろなプログラムが積み重ねられるにつれて、政策行動の水準はハードなものになっていき、社会的なものから経済的なものへ、公共サーヴィスから街区の建築物へと移行した。いまや課題は「街区のイメージを打破する」ことなのであって、もはや居住者たちのイメージの価値を上げることではない。このような政策の内容の変化に並行して、政策の土台をなす哲学に断絶が生じただろうか。実際にはただひとつの思想がいつも都市政策の土台をなしていたのであり、真実ただひとつの教説だけが存在してきたように思われる。ただそのトーンと確立度が変化して、ついにはこの教説がますます排他的なものにまでなったのである。それが、団地が経験するあらゆる困難を解決する条件としての社会的混合の教説である。

出版物や公式報告書や法文を検討すれば、じっさい都市政策の哲学には顕著な思想の統一性が見出せる。この哲学は、デュブドゥ報告とともに現れ、確信と手段をたえず増しながら確立されていき、都市再生にかんするボルロー法と社会凝集法に到達する〔「ボルロー法」は正式には、都市と都市再生のためのプログラム作成基本法。二〇〇三年八月公布。都市再生法とも。「社会凝集法」は正式には、社会凝集のためのプログラム作成法。二〇〇五年一月公布。ボルロープランとも呼ばれる〕。この哲学はいくつかの言葉に要約される。すなわち混合と社会凝集、あるいは凝集と隔離にたいする闘いのための混合。それは当たり前のことだ、とひとはいうだろう。隔離にたいする闘いが民主主義社会のための基本的信念なのだから、と。今となってはたしかにそのとおり。だがこの今は時間をあまり遡ることができないのだ。

重要なのは、この都市の哲学の新奇さ、すなわちこの哲学が五十年代と六十年代の「都市的なものによる社会の近代化」のころの先行哲学とどのような点で異なるのかを強調することであり、そしてこの哲学によって新しい問題設定がどのように開かれたのか理解することである。

以来わたしたちはその新しい問題設定に囚われていて、あたかもこの哲学は充分に確立されていなかっただけでつねに存在していたかのように見えるのである。その教説の新奇さを考慮に入れることによってのみ、わたしたちは、社会的混合がどのようにして実践活動を予審にかけるのか、また社会的混合の要請がどのようにして政策行動の体制強化をもたらすのか理解することができるだろう。とはいえ、そのように予審にかけ、政策行動の体制を強化しても、えられる結果はまったく不確実なのだが。しかし不確実であることをもって疑問に付されるのは、けっきょく今まで展開されてきた再生政策をつうじてその目標を実現し機能させるそのやりかたなのであって、混合と社会凝集という目標の正当性ではないだろう。

なぜ混合なのか

八十年代に都市政策を創始したさまざまなテキストに見られる「哲学的判決理由」は、社会的混合のテーマにまったく言及していない。実践の表面に明示しなかったにせよ「街区の社会的構成の均衡」[7]のテーマのほうが選ばれた。むしろ重要なのは「隔離のプロセスを止める」[8]ことであり、しかしだからといって「街区の民衆の現実を否定」[9]しようとはしないことであった。まさに問題は「さまざまな社会集団の共存を促す」ために「差異を尊重する」ことであった。ここで社会集団とは「民族《エスニック》」集団と理解しておこう。デュブドゥ報告は「いくつかの街区が支配的な民族的特徴によってアイデンティティを見出すこと」を「否定しない[10]」というのだから。

街区の社会的構成の変更は、根本的には「市町村連合問題[11]」の解決に帰着する。そして市町村連合の実現には長い時間をかけざるをえないだろう。都市の社会的開発にプログラムされたこのような慎重さの理由は、人口構成が相対的に不変でなくてはならない必要性にある――住民が自分たち自身にたいする権力をもち、街区での生活を改善する能力を発揮することを望むのならば。だが、この慎み深さは、ある種の議員の要求を拒否できるようにするという配慮にも由来する。というのも、他地域の同僚議員と比べて移民住民をあまりに多く抱えていると考えるかれらは、共和主義の習俗に反することにしかならないとしても移民住民を追い散らしたいと願うであろうから。デュブドゥ報告は、ごく近い意味で社会的開発を、当該街区の社会的構成をじょじょに多様化するという長期目標にとって必要な一段階としていた。

社会的混合を働かせるさいのこうした麗しい忍耐強さは、しかしながら、街区の社会的開発の有効性への信用といっしょに一九九〇年に消滅した。都市政策の主唱者たちは、混合という主要目標にただちに移るほうがよいと考えはじめたのだ。たえず信憑を高めていくことになるその論拠は、けっきょく次のような考えに帰着する。すなわち、くだんの街区の居住者たちが行き詰まっているとすれば、それはまさにかれらが仲間内にとどまって孤立し、棄て置かれ、「貧困の文化」の犠牲者になっているからである、と。同じ不運を被る人びとのあいだに貧困の文化が蔓延する。この文化はかれら居住者たちが生活条件改善のために闘う意気を阻喪させ、むしろその生活条件から最高の資源を引き出すように、すなわち生活できないがゆえに依存を生きる方法にするように仕向けるのだ。

子どもたちが学業で成功するためには、あるいは親たちがもう一度雇用を見つけるためには、あるいは犯罪を減らすためには、ただひとつの解決法すなわち社会的混合がまさに必要である。社会的混合だけが生活の敗者を社会の流れのなかに連れ戻すのだ。一九九一年に「都市基本法」（LOV）がはじめて社会的混合を居住環境の混合というかたちで法的目標として確立した。この法律により、居住者二十万以上の都市圏にある居住者三五〇〇以上の都市的市町村にたいし、住宅の少なくとも二十％を社会住宅で供給することが義務づけられた〔人口二〇〇〇以上の密集地である都市部に属するか、または都市部を含むかする市町村を都市的市町村という〕。つまり「地域住居プログラム」（PLH）を用いて社会住宅を建設すると約束し、違反すれば罰金を支払うことが義務づけられたのである。[12] この法律を実施するための政令《デクレ》の制定が長らく遅れ（一九九五年公布）、しかも多くの地方議員がその議会命令に抵抗したために、ふたつめの法律、いわゆる「都市連帯再建」（SRU）法が二〇〇〇年に可決され、命令の条件が厳格化された。この法律が混合を義務づけるのは今度は居住者五万以上の都市圏にある市町村にたいしてであり、そして罰金に訴えるのは、法律の公布により執行可能になった手順に従って、社会住宅戸数が不充分なところにたいしてである。ようするに罰金を支払うのは、法律が要求する条件をすべて満たさないかぎり、また法律が要求する水準との開きにおうじて、である。

このふたつの法律（専門家にはＬＯＶとＳＲＵの略称で知られる）は、裕福な市町村のなかに社会住宅を作って社会的混合を確立することを狙った。それとは別種の「一連の立法措置」が、今度は庶民階層のなかに中流階層が入っていくように促すことによって、恵まれない街区に社会的混合を導入するのに用いられた。右派がこの方面の混合を担ったのは選り好みによるけれども、左派も同等の選り好みを前者の動きを打ち出したさいに見せていた。

最初の試みは一九九六年に「都市振興協定」の一条項とともに行なわれた。その条項は、中流階級の若い世帯を団地に惹き寄せることを狙って、かれらが住む都心の住戸《アパルトマン》よりも広い住戸の有利さを強調し、そして適正家賃住宅の所得上限を越えると払わなくてはならない追加家賃をかれらについては免除することでコストの安さを売りにした。この実験はほとんど成功しなかった。団地の社会的構成を変えるためには、そのように「外堀から」働きかけるよりも住居の性格を変えることが必要であった。その課題にその後あいついで取り組んだのが、「都市大規模プロジェクト」（ＧＰＶ）プログラムと「都市再建事業」（ＯＲＵ）プログラム――どちらも二〇〇〇年に可決されたいわゆる「都市連帯再建」法の枠組みに登録されている――であり、次いで、さらに豊富な手段を備えた、二〇〇三年の都市再生にかんするボルロー法であった。ボルロー法が提案したのは、団地の建造物を充分たくさん取り壊して団地のイメージを変えることであり、とりわけ「中間」住宅（中流下層階級向けの住宅をそう呼ぶ）すなわち所有権付与への入口である高級賃貸住宅や、あるいは建売住宅に切り替えるために、取り壊した社会住宅の一部しか建て直さないことである。

都市のための解決の切り札か

少なくともここ十五年のあいだ社会的混合の教説が都市の哲学の核心にあるようにますます見えるようになったために、かつて別の方向に進むことがありえたとはほとんど想像できないほどである。じっさい混合が近代都市で自明であったことはほとんどないのだから、都市における真の社会的混合を見つけるためには、逆説的なことにアンシャン・レジームに遡らなくてはならないだろう。当時はまさしく服装が各人の身分を規定したのであり、そうであるがゆえに雑居状態から混乱が生じるおそれがなかった。十九世紀初頭以降、服装の役割が小さくなっていく一方で、空間、住所がまさにその代わりを果たすように見えたのであり、それにより各人は自分の社会的身分を証明するのに必要な指標をたしかに手に入れることができた。

第二帝政期にはオスマンによるパリ改造という一定の偉業があった。それは建物の各階がそれぞれ異なる社会階層に割当てられたという意味で社会的混合の大事業であった。だが、社会的混合の概念にもとづく都市の哲学をオスマンの功績に帰するとすれば、それはパリの労働者たちをベルヴィルのような近隣の丘へ追放したことをこっそり隠蔽することになる。この隔離はパリ・コミューンに決定的な役割を果たすことになるだろう。コミューンはパリを追放された民衆から「追放された者の復讐」と見なされたのである。二十世紀前半の社会的で衛生学的な都市計画も社会的混合に賛同したようにはほとんど見えない。なぜならそれが目指したのが、これもまた、貧民を都市の外に放出し、工場には近いが都心や高級街区からは遠いところに住まわせることに他ならなかったのだから。一世紀におよぶ社会的紛争の刻印をおびた都市においては、殴りあう者たちは近づけるよりも引き離すほうがよいと判断されたのである。

五十年代と六十年代における大規模住宅団地の展開はおそらく、そのような衝突の強迫観念をじょじょに消滅させる流れに棹さすものであった。けれどもそれは明示的に社会的混合のアイデアのためになされたのではなかった。たしかに適正家賃住宅は定義からいって労働者階級向け限定ではない。しかしだからといって明示的に社会的混合を生みだすのを狙ったわけではなく、ただ「平均人」すなわち統計的に平均的な人間に、いいかえればだれにでも有益な住宅を供給するのを目指したにすぎない。重要なのは、諸階級が共存するのを可能にするというよりは階級に無関係な居住環境である。そのような居住環境についての考えかたは、社会学的洞察というよりはテクノクラシー的手続きに属するものだ。

「大規模住宅団地 grand ensemble」についていえば、それは「集団 ensemble」を、地域社会《ローカル》を、広場と街路と求心力を備えた街区《カルチエ》を創造しようとはしなかった。大規模住宅団地が生みだそうと狙ったのは大量の広々とした家族用住宅であって、この種の住宅は私生活の価値向上にうってつけだが、公共生活を犠牲にしがちであった。こうして大規模住宅団地は都市からもっともかけ離れたものになった。いずれにせよ都市は、ル・コルビュジェ〔Le Corbusier(1886-1965)スイス生まれのフランスの建築家。モダニズム建築の創始者のひとり。「三〇〇万人の都市」(一九二二)、「輝く都市」(一九三五)などで、高層建築による高密度な都市計画を提唱した〕を筆頭とする大規模住宅団地の提唱者である建築家たちによって、引き立て役にされてしまった。それに、住宅と機能的通路を重視する都市計画への批判の高まりもやはり、多様な社会階級が居住環境をつうじて自発的に交じりあうという意味では、社会的混合の欠如よりも社会生活の喪失を槍玉に挙げたのである。『都市への権利』のなかでアンリ・ルフェーヴルは、出会いの場所としての、あるいは神秘、好機、祝祭、求心力としての都市の喪失を嘆いた。ルフェーヴルの目に消滅の道をたどっていると見えたのは、都市が広場や街路で呈する収斂現象なのであって、社会的混合ではまったくなかった[13]。

六十年代の社会学の知的流行は、社会的混合に価値を見出すというよりは、労働者と中流階級とを(まだ)住まわせる適正家賃住宅がまさに生みだす混合を嘆き、中流階級が労働者に及ぼす影響、すなわちこの共存が生みだす社会的へゲモニーの性質を批判するものであった。「空間的近接と社会的距離」というタイトルのシャンボルドンとルメールの名高い論文[14]が評判を呼んだのは、まさしくこの論文が、中流階級の主導権のもとで自律性を脅かされるという労働者文化の意識を表現したからにほかならない。「都市的なものによる社会の近代化」は都市的なものの哲学の名において実行されたのであり、その都市的なものは「都市」の治療、すなわち都市の狭苦しさや、ブルジョワ的街区や、諸階級が面と向かって対峙するのを許してしまう広場にたいする治療と見なされていた。都市的なものによる社会の近代化は、近代的なテクノクラシーをロマンティックな悲劇性に対置した。それが探求したのは社会凝集ではなく、産業の名における機能的配置であった。都市的なものによる社会の近代化は、生産組織のタスクを分割するように都市のタスクを分割した。その意味でむしろ、社会的混合の観念を中心にコンセンサスにもとづいて組織される現在の都市の哲学の裏返しであって、その先取りではなかった。

社会的混合について語られざること

都市的なものに社会的混合がふくまれるのは、わたしたちには自明のことである。だが、少しでもこのテーマを過去の社会に遡って考察してみれば、それは存在しなかったように見える。とすれば、社会的混合のテーマは、どのようにしてかくも短い時間――二十年ほど――でこれほどの知名度を獲得できたのだろうか。わたしたちは、アンリ・ルフェーヴルがあれほど雄弁に注意を促した都市の意味を失ったことに気づいてただちに後悔すべきだったのだろうか。フランソワーズ・ショエ(15)〔Françoise Choay(1925-) フランスの建築史家、都市計画研究家。著書に *Le règle et le modèle*, Paris, Le Seuil, 1980〕の定式に従って、「都市」を「都市的なもの」で置き換えてしまったことを恥じるべきだったのだろうか。わたしたちは、私生活への退却が社会性を打ち崩してしまうという見通しにただちに恐れおののくべきだったのだろうか。「サルセル病」（大規模住宅団地のなかで孤立する住民たちの生活を蝕むあの悪名高い病〔パリ郊外の最初期の大規模住宅団地のあるサルセル Sarcelles に由来する〕）を前にしてまさに恐慌が生じた。だが周知のように、そのような強迫観念に冒されるのは、団地の居住者というよりは、むしろそこに住んでいない人たちなのである。

「都市基本法」が一九九一年に可決されたとき、たしかにこの法律は、一九六八年に公刊されたアンリ・ルフェーヴルの名高い著作[16]のタイトルをとりあげて、「都市への権利」を宣言した。けれども法律の詳しい内容はそのような歩み寄りに相反するものであった。その内容は、ルフェーヴルに従って「都市」を復興するよりも、「都市的なもの」のなかで人口を空間的に公平に配置するのを重視したのである。社会的混合のテーマの上昇のなかに見られるのもまた、都市のあの失われた性質についての自己批判の行為というよりも、新たな二重の関心であった。第一に、「可視的マイノリティ」の集住地にかかる公共秩序〔治安〕への関心。次に、もうひとつ別の目的が透けて見える。すなわち、都市的なものの構造を大工場制の衰退に適応させ、都市をグローバリゼーション時代に導き入れるという目的である。

「都市政策」とは、あえてそうと名指さずに移民を統合する政策に与えられた名称だと考えることができる。わたしたちフランス人は、人権の祖国に存在するはずのない問題が我が国に存在すると認めるのをじっさい恐れてきたのだ。厭わしいまでに「共同体主義的」なアングロサクソンの隣人たちとは違うはずなのに。知的な勇気が足りず、都市政策に付与した手段が貧弱であったがために、問題を解決できなかったばかりか、その広がりを露呈してしまった。そのうえ、このやりかたにはある種のあいまいさがあった。というのも、移民の集住が問題を生むのであり、したがって集住はその根本から拒否された。だが集住はまた……解決法でもあった——集住させれば問題を残りの都市から遠ざけられるという意味において。遠ざけられるのを受け入れ可能にするために各種の助成金や補助金つき雇用や社会的・政治的特別枠を与えるのがコストの安い解決法であると、しばらくのあいだは見なすことができた。こうしてわたしたちは、アメリカ人が「ゲットーを飾る」[17]と呼ぶことがらを実践してきた。しかしながらこの「封じ込め」政策が有効でないと判明するにつれて、社会的混合への固執が強まるだろう。社会的混合への固執は移民の集住地を解消したいという欲求に対応する。移民の集住地は、そのネガティヴなイメージによって、そしてそれ以上に、集住地と結びつく無秩序によって共和国を侮辱するのだから。かくして街区の「イメージを打破する」ことが企てられ、おまけに「ケルヒャーで街区を一掃する[18]」ことが約束されさえするのだ。

社会的混合のテーマへの固執が強まることについてもうひとつ別の説明をつけることが可能だ。そのためには、都市政策のことを、大規模住宅団地の建設と……破壊（あるいは少なくとも団地の規格の緩和、都市景観における団地の外形の正常化、団地の都市的建築構造への再統合）とのあいだの一種の幕間と考えてみればよい。その根拠は、大規模住宅団地がまったく醜悪な建築物だからということではなくて（ジャン・パトリック・フォルタンがみごとに示したように、[19] 大規模住宅団地の構想にはときに優れた建築思想があったのであって、経済的配慮だけだったわけではない）、それら団地の誕生を主導した理由が生産組織の変質とともに消滅し、そのぶんだけ住宅と雇用の関係が変わってしまったということにある。

大規模住宅団地の建設は、きわめて明確な戦略的目標に結びついていた。すなわち工場や事務所に厖大な労働力を必要とする「フォーディズム」的な工業化に社会を適応させることである。労働力はまた安定的でなくてはならない。なぜなら流れ作業は、出勤の不規則性すなわち予測しがたい突然の欠勤に合わせることができないのだから。最後に労働力は従順でなくてはならない。なぜならこの労働は、いってみれば自由や裁量、そして個人的想像力や自発性の余地を許さなかったのだから。

多数の、しかも安定的で従順な人口は、どうすれば迅速に調達できるだろうか。同じ型の大容積の建物をいくつも建設することによって。ようするに、建物の造りを簡素化し家賃コストを抑えるのである。だがそのかわり住戸《アパルトマン》には広さと明るさの魅力が備わった。これは田舎から出てきた貧民にとっては、それまで都市の住戸の特徴だった狭さと暗さよりも好ましく思われた。貧民は庶民的街区には見出せなかった快適さと清潔さを手に入れたのである。このようにして労働力は、ここに来て、とどまり、労働の拘束を我慢しようと思うようになる……新しい快適さを享受し家庭生活を潤すために。この瞬間に、適正家賃住宅は、住民が産業労働の要求に従う代償として、働くことができるようにする手段として構想されたのである。

　われわれの現時点から振り返ってみると、都市政策は、集団的な大規模団地の黄金時代すなわち六十年代の近代化の時代から、大規模住宅団地がプログラムどおりに消滅する時代への、多かれ少なかれ強いられた過渡期であるように思われる。なぜなら、現行法制に従って取り壊しにつづいて行なわなくてはならない建て替えは、住宅についての考えかたの変化に連動しているのだから。もちろん、もっとたくさんの住宅を建設することが課題である。取り壊しというのは、住宅を一戸壊せば一戸建てるということである。だが、塔状や板状の住棟にとってかわるヒューマンサイズの建物に入る住戸《アパルトマン》は、多様化され、とりわけ差別化されたものになるだろう。なぜなら住宅の機能が、脱工業化やサーヴィス産業の発達や雇用の不安定化とともに変化したのだから。工業化社会では、適正家賃住宅を「享受した」のは、よい条件で（権利要求項目である住宅費が賃金コストに跳ね返らないかぎりで）働けるようになるためであったのにたいし、現在では、以前より複雑で不確実で働くほど不利になるような条件のもとで働くのは、住宅を買えるようになるためなのである。住宅取得が意味するのは、まさしく現役時代の全期間を、新しく登場した方式のローンの提案どおりに月賦を払うのに費やすということである。このローンにより、中流下層階級が家族住宅を三十年分割払いで買うことが可能になった。

労働の手段だった住宅は、労働の目的になった。もちろん住宅の取得、とくに一戸建て住宅の取得は、すでに工業化時代に中流階級と熟練労働者階級にとって目標であった。けれどもその購入は、働きづめの生涯を贖い、雇用における服従と定着に報いるものだった。いまや財産所有は統合される見返りではなく統合それ自体であり、「所有者社会」となった社会から受けとることのできる唯一の帰属保険なのだ。ここから帰結するのが、社会住宅の在庫減少傾向である。それに在庫減少はあらゆるヨーロッパ諸国で見られるのである。不動産総戸数に占める社会住宅の比率がもっとも高い五つのヨーロッパ諸国（イギリス、オランダ、スウェーデン、フランス、ドイツ）を検討してわかるのは、それらすべての国で一九九〇年から二〇〇〇年に社会住宅の建設が減少しているのにたいし、同じ時期に社会住宅の入居者への売却率はたえず上昇しており、同時に取り壊しによる在庫減少も進んだということである。[20]住宅を管理するヨーロッパ諸国の主要な社会住宅供給管理業者は、都市サーヴィスの執行者の地位をしだいに声高に要求するようになった。このことがはっきりと意味するのは、かれらがボルロー法〔都市再生法〕が促すような都市の再構築《リストラ》と、本来の使命が命じていたような中流階級の再獲得とに、ふたたびのりだしたということなのである。

かくして社会住宅は上から崩れる。つまり、前述のように中流階級向けのいわゆる「中間」住宅の建設と住宅取得の奨励によって。だが、社会住宅は下からも崩れるのだ。つまり社会参入支援住宅の増加によって。社会参入支援住宅の管理（または所有権）は、適正家賃住宅公社から居住支援を専門とするアソシアシオンに委託される。なぜなら、そこで行なわれるのは、もはや社会的開発ではなく社会的支援なのだから。そこで当てにされるのは、もはや団地の居住者たちがかたちづくる社会の潜在的富、居住者たちのつながりが織りなす社会関係資本ではない。つまり、そこで関心を集めるのは、居住者たちを借家人としての振舞いについて個々人に責任を担わせる〔有責化する〕ことなのだ。正規の雇用や充分な所得がないために住宅を買えず「古典的」な社会住宅を利用することさえもできない人たちについて、ようするに賃労働者層に代わって社会の底辺を占めることになった「プレカリアート」について、社会参入支援住宅の手法は、供給管理業者が家を貸す役割を振り捨て、アソシアシオンに下請けにだすことを可能にした。たとえばアソシアシオンは、居住者が負担すべき家賃を支払ってやり、あとで支援を基盤としてそれを回収するよう努めるのである――アソシアシオンの職員があらゆる困難に陥った借家人を担当する交渉窓口となることによって。

イギリス人は、サッチャー夫人政権下で居住者への社会住宅売却について先を進んだのと同じように、仮設住宅の手法についての予言者である。〔イギリスでは〕一九八七年以来この手法により、資力のない人びとだけでなく入国まもない移民や難民希望者にも住居を提供することが可能になった。住宅を管理するいくつものアソシアシオン（ハウジング・アソシエーション〔住宅協会〕）がそのような住民のために用意している住宅在庫を可能なかぎり広い範囲に散在させるのは、貧困の集中を避けるためである。借家人が利用できる比較的寛大な補助金により、アソシアシオンは採算のとれるかたちで活動を営むことが可能になった。フランスでは「住居とヒューマニズム」〔一九八五年にベルナール・ドゥヴェールによって設立されたアソシアシオン〕がプレカリアート向けの社会住宅部門についての実例を提供する。(21) かくして、狭義の社会住宅は、六十年代の積極主義に言及しつつ積極主義を言明する政策を装いながら、残り三分一の役割に縮んでしまった。しかしその積極主義はじっさいには六十年代のそれへの精神における敵対者であり、しかもこういってよければその墓掘人でさえあるのだ。

社会的混合というこの哲学の成功は、したがって複数の水準で読解されなくてはならない。貧困の集中や「共同体主義」にたいする闘いの水準だけでなく、それと同等かそれ以上に、社会住宅とその相対的な画一性を軸に組織されるタイプの都市計画の終焉としても読解されなくてはならない。混合が鐘を鳴らして訪れを知らせるのは、均質な階級の終焉、長引くフレキシビリティと不安定のはじまり、もはや労働にのみもとづく統合ではなくて財産所有による統合である。混合の教説がもたらしたのは、とりわけ住宅との関係の変容であり、社会住宅総体の再開発を利用した「所有者社会」への移行なのだ。

なぜなら、古典的で巨大な社会住宅は、住民を抱え込み、停滞させ、上からも下からも動きを遮断してしまうのだから。社会住宅の現在の構造のなかには、脱け出したいと思いながらも、近い将来に不動産を、あるいはせめて今よりよい賃貸物件を手に入れようにも、充分な手段をもたないがゆえに脱け出せない人びとがとどめおかれている。社会住宅は、現在の居住者たちを虜囚のようにとどめおくがゆえに、もっとも貧しい人びとやもっとも不安定な人びと、すなわち住宅にかかる援助をもっとも必要とする人びとが住宅を手に入れるのをまさしく妨害しているのだ。空きが出ないのだから。しなくてはならないのは、そのような詐術的形態を破壊し、上流では脱出路を組織し、下流では社会参入支援住宅を建設することである。ようするに、都市的なものによる社会の近代化が達成したことがらの正反対を行うこと、というよりむしろその達成を壊すことが必要なのだ。

工業化社会の大量生産の枠組みのなかで住宅と労働のあいだに創設された関係を逆転させること。これがまさに西洋の政府の大部分が現実に従った考えかただと思われる。フランスは他国以上にそれを「社会的混合」の美名で飾ることに固執した。だが、この考えかたにもっと精密に合致するのは、社会階級が容易に交じりあう傾向性というよりは、社会階級の衰退である。所得の水準と安定度による分割がますます事実上の規則になると思われる。社会的混合を喚起することに期待されているのは、異なる所得層住民を混交するというよりは、住宅製品の種類を増やし、住宅やとりわけ不動産との関係を流動化することなのだ。

社会的混合は、たしかにこのプロセスと結びついているけれども、しかしそれは主要な目標としてというよりは、プロセスの展開の一条件としてである。取り壊しのさいに古典的な社会住宅の建物が占めてきた土地の一部が「回収」されるので、中間住宅つまり所有権付与型住宅に建て替えることが可能になり、その結果として、居住者のふたつのカテゴリーのあいだに近さが生まれる。だがこの近さは、空間の分かち合いという意味で、また共同生活という意味で、混合なのだろうか。この近さに本当に期待可能でまた現に期待される唯一の効果は、治安の一定の改善であるように思われる。たしかにこの利点は、もっとも貧しい人たちにとって無視しがたく、また政府にとって利益がなくはない。けれどもこの利点は社会的混合という見せかけによって「粉飾」されている。社会的混合は「輝く」幻想なのだ。いまや破壊しようとしている都市——輝く都市——の建設がかつてもたらした見せかけと同じくらいに！

遠隔作用のほうへ

五十年代と六十年代の大規模な都市化が生んだ「偉大な作品」である大規模住宅団地をじょじょに壊すのは、国家の役割を捨てることだろうか。それは国家の撤退を受け容れることだろうか。ちょうど「社会的所有」(22)が、所有者社会のためにしだいに脇に追いやられ、住宅分野の社会参入支援アソシアシオンに手を引かれて所有者社会の外に連れだされるように見えるのと同じように。国家の撤退のなかに国家のネオリベラルな方向転換の兆しを見てとり、それを利潤の論理のための国家権力の縮小と見なさなくてはならないだろうか。市民社会とそのアソシアシオンが社会的行政にとってかわると理解しなくてはならないだろうか。はっきりいって、まさに国家のネオリベラルな方向づけが問題なのだ。しかしながらネオリベラルな方向づけが意味するのは国家権力の縮小というよりは国家の変容であって、それを可能にしたのは、遠隔からより少ないコストでより高い効率への関心をもって行動する技術の習得であった。

分権化第二法（二〇〇三年）〔三月二十八日に成立した憲法改正法。フランスにおける分権化は、本書が「分権化第一法」と呼ぶ一九八二年三月二日に公布された地方分権法にはじまる〕は、国家がその権力を手放したという印象を与えるのに大いに貢献した。だがこの法律はむしろ統治方法の方向転換の指標をなす——遠隔統治[23]への。国家は分権化によって確実にその権力を失った。分権化が根づくのに貢献したのはふたつの法律だった。二十年のあいだをおいて公布されたふたつの法律は、国家の役割をとりわけ都市的なものの分野でいちじるしく削減した。国家の撤退は政府〔統治〕が無能力であるよう強いないだろうか。そうなれば、政府〔統治〕がかつて同様に強力で、その権力をさらに拡大して一般利益をあまねくしうる能力をもつよう望む人びとを左派であれ右派であれひどく嘆かせるだろう。

はっきりいえば、権力の効率性と広がりを混同するのは、権力の本性を取り違えることだ。なぜなら権力は衝突面積を縮小することで、実力行使を節約し効率を上げることができるのだから。いずれにせよ、こうしたことがらが権力の歴史、権力の「経済」の歴史であって、これは経済の権力と無関係ではない。ミシェル・フーコーはこのことを一般的なかたちでみごとに証明した[24]。統治技法のこのような「質的」な発展を把握するためには、わたしたちが取り組んでいる領域において五十年代と六十年代の近代化を推進する国家の時代から現在わたしたちが生きる時代へとすすんだ映画を早送り再生しなくてはならない。ルノー・エプスタン〔Renand Epstein（1971- ）フランスの社会学者。ナント大学准教授〕の分析によれば、映画は「地方的《ローカル》なものの中央集権的統治」からはじまる。これは五十年代と六十年代の近代化を推進する国家の時代の特徴である。映画は次に分権化第一法〔一九八二年の地方分権法〕とともに「契約」的手法へと展開する。最後にこの手法は「地域の積極的差別」政策により疑問に付されることになる。その地域の積極的差別政策が生みだした「指数による」統治が「遠隔統治」の最初の方式である。その特質を明らかにしたのが、この領域で最近可決されたふたつの法律である。すなわちすでに言及したいわゆる「都市連帯再建」法（二〇〇〇年）と都市再生法（二〇〇三年）〔ボルロー法〕である[25]。

「都市的なものによる社会の近代化」の時代には「地方的なものの中央集権的統治」の手法〔ルノー・エプスタン〕が対応する[26]。この表現が意味するのは、一九五五年から一九七五年までの第一期において地方自治体は、国との関係で半後見の状況にあったということである。古典的行政による地方自治体の後見を確かなものにしたのは知事であり〔分権化改革以前、知事は、大統領により大臣会議の審議をへて任命され、中央行政権に直属し、国の受任者として政府および大臣を代表するが、同時に県の執行機関の長であるという二重性をおびた機関であった。しかし分権化により、県会議員の互選で選出される県会議長に県行政の長の任務が付与された。知事は、従来どおり中央から派遣されるエリート官僚で、県における国の代表者として中央省庁の出先機関を統括するが、もはや直接には県行政に関与しない）、そしてとりわけ国土整備省の指導であった。国土整備省の指導というかたちをとって議員のところに土木技師が都市計画と住宅について定めたさまざまな規範が届く。このような国の歩兵隊による自治体支配（分散した業務〔部局〕に代表される）が受け取ったのが、軽騎兵隊というまったく新しい援軍（「特定任務《ミッション》」行政がもたらす）、すなわち計画庁と国土整備地方振興庁（ＤＡＴＡＲ）であった。

古典的行政（いわゆる管理）は、既存の法的規範に従って、かつ共和国の伝統に確実に登記されている事項に照らして地方議員の行動を検査することを任務とするという意味で、事後対応的であり、遡及的でさえある。これにたいし特定任務《ミッション》行政は「事前対応的」である。それは未来を志向し、意志的で、未来予測的であって過去検証的でない考えかたにもとづく。遡及的態度とは、未来予測という概念の発明者ガストン・ベルジェ〔Gaston Berger（1896-1960）セネガル生まれのフランスの実業家、高等教育行政官僚、フッサール研究で知られる哲学者。未来学の一種である「未来予測 prospective」の概念は、一九五五年から五七年にかけてベルジェによって練り上げられた〕が考案した定式によれば「バックミラーに未来を見つめる」ことにある。逆に、事前対応的態度とは、過去検証を問題とせず、未来について意志されたヴィジョンにもとづくものである。これは来るべき変化をひきよせるためである。このような特定任務行政がまさに都市化を考えたのである。たとえば特定任務行政は、あまりに一極的なパリの吸引力を是正するために均衡拠点を創設した。この行政はまた「諮問行政」とも呼ばれる。この呼びかたが意味するのは、政策行動を方向づけるために行政が自身のヴィジョンだけを、ましてや地方議員——当時、名士たちとやや軽蔑的な用語で呼ばれ、変化にブレーキをかけると非難された——のヴィジョンだけを拠り所にするのではないということである。行政が引き合いにだしたのは、むしろ労働組合やアソシアシオンであって、どちらも当時は「国民の活力」という美名でもてはやされた。労働組合やアソシアシオンとともに国家は、地方議員と対決する新しい勢力、つまりかれらを近代への道にひっぱりこむのにふさわしい勢力を形成した。それに、こうしたことがらには「地方的なものの中央集権的統治」方式の第一の狙いがこめられていた。すなわち、名士的な議員を企業家的な議員でおきかえること、議員を近代化に転向させること、計画化を推進する国家が国民のことを考えるのと同じように議員に自分の都市のことを考えさせることである。近代化を推進する国家が地方議員に直接影響力を行使したがゆえにこそ、「大規模住宅団地」が実現することになったのだ。

一九五五年から一九七五年の時期の当初、厳密な意味で新しいアイデアが問題にされたのではなかった。「大規模住宅団地 grand ensemble」という表現そのものは、一九三五年に『現代建築』というタイトルの雑誌に最初に現れた。当時すでに、農村人口流出が強いる都市的居住環境の要求水準の高さに届くのは集合住宅だけだと考えられていた。だがその具体化は遅れた。

不動産開発業者がほとんど興味を示さなかったのだ。というのも一九一六年以来、家賃価格の制限が長くつづき（出発点では出征家族を援助するために構想されたのだが、その後、制限を解除するのが政治的に困難だったため継続された）、投資意欲が殺がれていたからである。他方で大規模な集団化を懸念する向きもあり、道徳的な見地から個別不動産の取得が好まれた――たとえその戦略がひどく非現実的に思われたとしても。

戦後のベビーブームが農村人口流出につけくわわったのに押されて、政治階級は上述の方向にすすまざるをえなくなり、それを六十年代の近代化を推進する国家の夢にさえ仕立て上げざるをえなくなった[27]。この夢が、均衡都市〔métropoles d'équilibre パリへの一極集中是正のために国土整備地方振興庁が指定した、地方の中心となるべき都市あるいは都市圏。一九六三年にリヨン、マルセイユ、リール周辺、ストラスブール、トゥールーズ、ボルドー、ナンシーが指定されたのがはじまり〕の創設を大規模住宅団地の創設に結びつけた。大規模住宅団地を実現できたのは、一九五五年に設立された国土整備中央会社（SCET）のおかげである。この会社は、預金供託金庫に「眠っていた」資金を利用可能にするために見出された技術的解決法であった。この資金は、国家の支配的な役割に信頼をよせる民間資本といっしょに用いられ、建設事業の資金調達に役立った。国土整備中央会社に従属するいくつもの混合経済会社〔公的資本と私的資本の双方によって構成される、公企業部門の一形態〕は、市町村長にたいし、市町村内に大規模住宅団地を建設するよう提案し、しかも資金調達や事業監督などあらゆる任務を引き受けるよう提案しさえした。議員にできたのは、近代を受け入れる機会を承諾することだけであった。かれらは、自分の都市の入口に、厳密な直角で造形された建造物の姿が見えるようにするしかなかった。その姿は、過去のまどろみから叩き起こされた国土《テリトワール》のうえに純粋に顕現した国家の意志だったのだ[28]。

過渡期――契約の時代

この積極主義の時期のあとに八十年代と九十年代の都市政策の時代がやってきた。この政策は統治の新しい手法すなわち契約という手法と結びついている。そして契約という手法は、同様に新しい行政方式すなわち「第二タイプ」の特定任務《ミッション》行政にもとづく。契約は、プロジェクトを国の地方行政と議員の地方行政の利害調整の帰結とするべく練り上げることで、中央の規範をいかに地方に適応させるかを指定する方法になった。規範が契約的になったのだ。「規範や規則が消滅したのではない。ただそれらを適応させることが規則となったのだ。裏の調整――知事〔中央を代表する〕と名士たち〔地域を代表する〕による――で規範に手心をくわえるやりかたから、国土計画の枠組みに従い表の交渉で規範を決めるやりかたへと移行した[29]」。

都市政策を実行に移すにあたって、計画庁と国土整備地方振興庁に象徴される往年の諮問行政はもはや通用しなくなった。諮問行政はきわめてテクノクラシー的な権力が自由に振舞うのを許してきた。この権力は諮問さえすれば正当化されたのだから。しかも周知のように諮問というものは諮問された者しか関与させない。けれども、もはや議員に近代化を課すことではなく、むしろかれらを行動に直接関与させ、政策行動の主導者、国と同格のパートナーに仕立て上げることが求められるようになった。すると、政府がただちになすべきことは、新しいタイプの特定任務《ミッション》、すなわち議員、国の出先機関、住民たちの合作を生み出すことのできる特定任務を創設することであると思われた。この「第二タイプの特定任務」の最良のモデルになったのは、おそらく都市担当省庁間代表連絡会議（DIV）〔特定分野における国家行政の縦割りを超えて協調を図る省庁間機構のひとつで、一九八八年に設置された。二〇〇九年に都市担当省庁間委員会の事務総局に改組された〕であった。これは国と地方自治体のあいだの契約的行動を推進する任務を負っていた(30)。

地方議員は、つまるところ地元の支配者だったのに、その大部分が「シティ・マネージャー」になってしまい、もはや名士でなくなった。それにもかかわらず、かれらがなぜ契約的手続きに興味を示したのだろうか。そのせいで、かれらの地方的利害だけでなく全国的関心も考慮に入れなくてはならなくなったというのに。地方議員の多くが国会議員でもあることを考えると、この疑問はかたちばかりのものと見なせる。しかしながら実際の問題は、地方と国のあいだのみごとな利害調整のほかに、両者のあいだでの多様な関心の優先順位の共有に帰着する。

地方議員が関心をよせるのは、かれらの市町村の経済的吸引力〔魅力〕つまり市町村のイメージを発展させることである。国が関心をよせるのは社会凝集であり、団地の暴動の原因であるとともにその結果明らかになった連帯の諸問題である。ふたつの段階のあいだに妥協を成立させるのは、荒廃した街区が都市のイメージに及ぼす否定的な効果への懸念なのである。

まず市町村長〔市町村長は市町村会議員の互選で選ばれる〕について理解しなくてはならないのは、かれらの政治的能力が増し、団地の経済活動へのかかわりが深くなるのに比例して、大規模住宅団地の問題に関心を集中せざるをえなくなることだ。いまや問題の団地は、もはや近代のしるしを意味せず、そのぶんだけかれらの市町村にとって損害を意味するようになった。大規模住宅団地が都市の吸引力〔魅力〕を損なうのは、経済活動の基盤が、もはや厖大な低熟練もしくは未熟練の労働者を使うことではなくなっていて、高度に熟練した技術者の集団や科学技術拠点の存在になったからである。科学技術拠点がいまや近代を体現する……二十年前に大規模住宅団地がそうありえたように。いまや貧民と移民が住むがゆえに大規模住宅団地はむしろ、市町村長が広めたいと思う都市イメージにとって損害なのだ。そのうえ大規模住宅団地の居住者たちは、もはや堅実な投票予備軍ではない。かれらはあまり投票しなくなったし、悪意に満ちた投票をするようになった。移民第二世代のフランス人は棄権する傾向があるし、また団地の街区に棄て置かれるか団地の近くに住むかする生まれつきのフランス人は極右に流れるからだ。

とはいえ国の視点からすれば、市町村長たちが住民という重荷を近隣市町村に押しつけようとするのを見過ごすわけにはいかなかった。そのようなことをすれば市町村間に有害な対立を生じさせずにはすまないのだから。では、なにをなすべきなのか。正確にいえば、連帯の義務を負う国と最善の利益を追求する議員のあいだで契約ないし取引をおこなうことである。これにより、国には任務を確実にやりとげる可能性が生まれる。地方議員には「延焼をくいとめる」手段が手に入る。つまり、国の財政援助を受けて国と共同で社会的なことをおこなえば、自前の手段を温存して重大事すなわち経済的吸引力〔魅力〕の増大や自分の都市のイメージ改善に充てることができるのだ。議員が努力すると同意したのは、移民を統合することだ……ただし大規模住宅団地のなかに。かれらは、団地のイメージを改善し、団地のなかで居住者たちが生活の質の向上やあらゆる種類の権利へのアクセスを享受できるように注意を払うだろう。けれどもそれは団地のなかかぎりのことだ。なぜそうするのかはっきりいえば、団地の居住者たちが都市を掻きまわしたり、都市のイメージを混乱させたり、すでに治安や雇用や子どもの教育の質を懸念している先住民を不安に陥れたりしないようにするためなのである。

こういったからといって、地方議員は選挙的利害だけで動く破廉恥漢だが、対照的に「国家」は、一般利益感覚で啓蒙された監査役である高級官僚のおかげで、連帯の唯一の真の守護者であったといいたいのではない。問題はむしろ、グローバリゼーションの文脈に社会を導き入れるための枠組みにおける役割分担だった。議員は、フランス国内や海外の競争相手にたいする自分の都市の競争力に注意を払う役割をうけもった。都市担当省庁間代表連絡会議のような国が新たに作った特定任務《ミッション》は、その競争をもっともしわ寄せされる住民への影響を補償する役割をうけもった。技能資格のない人びとからなるその住民は、経済の変化のせいで身動きがとれないまますます見捨てられるのだから。国と市町村長のあいだで結ばれた契約は、したがって本質的にいってパートナーたちの関心を満たすことに帰着した。第一に、そのような住民が国民から見捨てられたと感じないようにすること。第二に、その住民がその苦悩や暴力で都市のイメージに損害を与えないようにすること。

契約から「指数による統治」へ

分権化を国の政策に利用する巧妙なやりかたである契約方式は、しかしながら、その対象を拡大するにつれて、つまりいわゆる「困難」地域が被る損害を体系的に補償することを目指すとき、限界をあらわにするだろう。契約化はたしかに意思決定に柔軟性をもたらしたが、しかし、地域の積極的差別にかかる措置を講じるとき契約化にもっぱら依拠するには、それはある意味で柔軟すぎるのだ。なぜなら特例の存在はあいまいさを許容しないからである。規則がなくてはならない。しかも、あることがらがここで許可され、そこで却下されることに異議が唱えられるのを避けたいのなら、その規則は客観的なデータにもとづかなくてはならない。

そのような規則は、どうすれば確立できるだろうか。全国教育行政が学校別の生徒の社会的構成について、また当たり前だが学業成績についても、多数のデータをもっているのだから、教育について優先すべき地域の客観的な境界線を画定するのはそれほど難しくなかった。こうして教育優先区域（ZEP）に分類される学校の教員は、特別手当をもらう権利とその区域に属さない同僚たちより早く昇進する権利をもつことになるだろう。だが狭義の都市政策にとっては、恵まれない区域の精密な境界画定が一九九一年の主要な問題となった。都市担当省庁間代表連絡会議〔DIV〕が国立統計経済研究所INSEEと共同で指標（二十五歳未満の若者数、長期失業者数、外国人比率）を同定することが必要になった。それら指標をもとにすることで地域の境界画定ができたがゆえに、画定された地域は一般法における特例扱いを正当に要求できるようになった。

一九九六年にアラン・ジュペ〔Alain Juppé(1945- ）首相（一九九五―九七）ほか、八六年以来現在にいたるまで数々の大臣職を歴任。ボルドー市長（一九九五―二〇〇四、〇六―現在）。右派政権与党の共和国連合（RPR）、民衆運動連合（UMP）の党首も務めた〕の主導で都市振興協定がはじまると問題はさらに複雑になった。恵まれない区域にたいして諸街区の平均値との偏差に厳密に比例して免除措置を認め、平均水準に引き上げようというのだ。そのような偏差にかかる措置を講じるには、いくつかの指標では充分でない。雇用について補償する政策行動が必要だという異論の余地のない解釈を提出しなくてはならなかった。このような状況下で総合的な排除指数が作成され、これにより「社会＝都市的な排除についての相対的な考えかたから絶対的な考えかたへと」移ることが可能になった(31)。この指数のおかげで市街免税区域〔ZFU〕を定義することができた。このもっとも困窮した区域では、企業は収益税と社会保障負担の免除を享受する。そこまで深刻でないいわゆる「市街再活性化」区域〔ZRU〕は、収益税免除についてだけ権利をもつことになった。最後に、「たんなる」困難市街区域〔ZUS〕はといえば、都市政策の名目において、アソシアシオン活動への特別援助への権利だけを享受するのである。

　この指数による統治という方式がどのようにして契約という方式をひそかに掘り崩し、「遠隔統治」成立の前触れとなったのか、わたしたちは理解する。というのも、この方式が契約という原理そのもの、つまり国の仕事と自治体の仕事は交渉可能だというアイデアを根底から覆してしまったのだから。地域の積極的差別をとおして国は、地域《テリトワール》〔国土〕にたいする権力、少なくとも国の注意を惹くような地域にたいする権力をある程度取り戻した。国が地域に個別的な特典を与えるお墨つきになる異論の余地のない専門知識を介して間接的に取り戻したのだ。場所を特定してすすめるやりかたは、二〇〇三年に全国都市再生機構（ANRU）によってふたたび採用——というより追従——されるだろう。このやりかたの出発点は、大規模な介入を確実に必要とする街区を指定することであり、そしてこれは中央集権的に確立された専門知識にもとづいている。都市担当省庁間代表連絡会議は、恵まれない区域すべてにおける状況の改善を追跡し、それら地域で展開された行動を評価するのを目的とする純粋な観測機関になっていくだろう。

「遠隔作用」のほうへ

国家のさまざまな部局が契約のことを、それがあたかも永久化する運命にある用語であるかのように語っているのに、国家による契約的な政策の放棄がますます重要だなどと示唆してどうしようというのか。問題に直面するたびに政治階級が、雇用やキャリアパスの安定化や地域の治安やその他多くの主題にかんする契約の創設を発表するのが聞こえてくるというのに。契約の概念が失効したのであれば、なぜかくも契約の概念への無制限な訴えがおこるのか。なぜなら、当たり前だが、ある表現の修辞的機能はいかなる実質的内容からも独立して発揮されうるからである。契約方式は、八十年代と九十年代のあいだ国家にとって、分権化の生みだした新たな文脈のなかで地方自治体を国家の行動に結びつける方法であり、当時のわたしたちの言葉でいえば「分権化の善用」(32)を創出する方法であった。どこまで「善用」だったのか。九十年代における都市にかかるさまざまな契約の経験は、実行の限界をしだいに明らかにした。国家の中央行政機関にとって、適応調整の仕事は、それが学校、スポーツ、文化、経済、どの分野であれ、都市政策にかかる街区に特化した「製品」を作り、そしてそれを市町村に売ることに帰着する。他方で市町村にとって賭金は、それら製品を最大限に活用しながらも、契約に対応する予算財源への支配権を保持することであった。したがって都市契約の準備作業は、討論ましてや公共の討論というよりは市場に似ていた。なぜなら、一方から他方へと権限委譲するという外観のもとで、当事者がたがいに資金の支配権を手放さないようしのぎを削るのだから。行政機関の予算から都市政策の名目で「ピンはね」されるいかなる金額も、別の名目で「回収」しなくてはならない。たとえば、恵まれない街区のために各行政機関が支出しなくてはならない特例予算が、当該地区への一般法にもとづく予算の配分停止を正当化することがあった[33]。このような部局愛国主義の論理は宿命的なまでに執拗なのだろうか。部局愛国主義の論理は国家の遺伝子に消しがたく刻みこまれているのだろうか。経験から少なくとも明らかになったのは、国の役人たちが規範を検査する役割とプロジェクトを構想する役割を一度に果し、しかもその立場に必要な自由な想像力を発揮するのは難しいということである。国のさまざまな部局と地方の責任者である議員たちとの永遠の裏のかきあいは限界に達した。契約について語るのは言葉の濫用である。国と市町村のあいだに、そこまで欺瞞的でないゲームの規則を創出しなくてはならなくなったのだ。

二十一世紀初頭に出現した、とりわけ国家権力復活の一環と思われる国家の新しい介入方式を指すのに、なぜ遠隔作用〔遠隔行動〕について語るのか。都市政策が社会的混合のテーマを介してますます避けがたくなっているのに、なぜ遠隔作用〔遠隔行動〕なのか。二〇〇〇年に可決された都市連帯再建法[34]は、一九九一年の「都市基本法[35]」の要求を強化し厳格化した。二〇〇三年の「都市再生法」は、大がかりな取り壊し／再生の事業に正当に値する街区を厳密に規定して、かつてない規模の予算をこの事業に充てる。市町村間協力公施設法人（ＥＰＩＣ）にかんする一九九九年のシュヴェーヌマン法〔市町村間協力の強化と簡素化にかんする法。九八年の移民にかんするシュヴェーヌマン法とは別。公施設法人とは専門的な公共サーヴィスの管理運営のために設置される法人で、日本における特殊法人に相当する。行政的公施設法人（大学、国立研究機構、全国雇用機構、住居公社など）と商工業的公施設法人（国鉄、造幣局、国立オペラなど）に分けられる。〕市町村間協力公施設法人は行政的公施設法人のひとつ〕が強力に推進するのは、地方税と国の各種扶助への支配権を強めたい市町村が「社会的アパルトヘイト」と闘うために連合することである。

遠隔作用〔遠隔行動〕の重要な面――これは上記の法律の条文を見るだけで明らかである――の因ってきたるところは以下のことがらである。すなわち、上記のどの法律も、議員にたいし、なすべきことがらを力ずくで命じないし、国の諸部局との契約的手続きを勧めようとさえしないことである。いかなることがらも、言葉のアングロサクソン的な意味で功利主義的な統治方式にのっとる賞罰の問題になったのだ。この統治方式は、議員の自治権に立脚し、分権化第二法によってその自治権を大いに強化しさえする。そして国の部局にはしだいに依存しなくなる。国の部局は、予算法律組織法（ＬＯＬＦ）によって二〇〇一年八月に、国家プログラムの策定におけるいかなる影響力も失ったのだから。プログラム策定は、国会の、国会だけの管轄事項になったのである。遠隔作用〔遠隔行動〕は、政府から地方議員へと働きかける政策行動であるが、この働きかけは国家の中央行政とその出先機関が真に拘束してくるというよりは、それらを形式的に通り抜けるものなのだ。遠隔的というのが意味するのは、行動を実行する手段を教える「信号」をただ発信するだけだということである。そして行動の条件（と成果）は検証の対象となるが、しかし行動の振舞いや正確な内容はそうでないということである。

政府の望む政策について地方議員に責任をもたせる〔有責化する〕ために賞罰の種類を増やすこと。しかしだからといってかれらの代わりに行動したり、かれらと契約を結んだりはしないこと。ここに行動方式にかんする都市政策の最新の第三の傾向がある。しかし都市圏に位置する市町村が住宅の二十％を社会住宅で建設しなくてはならない義務なるものはどうなのか。それは、罰金のかたちのペナルティをふくむ奨励策にほかならない。市町村は社会住宅か罰金か選択することができる。市町村は自律しており、したがって責任を負うのだ。もちろん都市連帯再建法の定めによれば、知事は、従わない議員を代理して、土地売買について国家の名において先買権を行使することができる〔知事は県における国の代表者として国の出先機関を統括する立場にある。県行政は県会議員の互選で選出される県会議長が統括する〕。だが、だれもそんな手続きにあえて手をつけようとはしない。地域への影響力を台無しにしてしまうだけなのだから。

都市再生法は、全国都市再生機構が出資する事業に適当する街区を厳密に指定する。けれども、当該のいかなる市町村もこの事業にとりかかる義務を負うことはないのだ！　しかもそれらいかなる市町村も事業実施を断念させられるのでもない。都市再生法が全国都市再生機構に付与したのは、この法律の行動対象となった市町村を評価する実質的な裁量なのだから。せいぜいのところこの法律は、市町村の議員たちに次のように告知するようにして機能するのである。すなわち、あなたがたのプロジェクトが機構の期待を満たすならば、いいかえればあなたがたが「街区のイメージを変える」と約束し、そのためにまず手はじめに取り壊しを充分におこなうと約束するならば、機構の融資という褒賞をうけることができますよ、と。

都市政策を誘導するためにボルロー法〔都市再生法〕が設置した全国都市再生機構は、どのように性格づけできるだろうか。五十年代以来都市的なものの領域で働いた先行行政機関のふたつのタイプと比較して、この機構をどのように定義すればよいだろうか。この機構は第一タイプの特定任務《ミッション》の行政機関とは関係がない。第一タイプの特定任務の行政機関は本質的にいって、市町村がもたない技術的な特殊能力という資格をもって、またそのための財政的手段を備えていることをもって、議員にとって代わるものであった。また第二タイプの特定任務とも共通点がない。第二タイプの特定任務は、中央行政と地方自治体のあいだのインタフェイスの役割を果すものであった。この特定任務は、都市政策にかかわるさまざまな行政部門から出向した役人たちによって主導されていた。インタフェイスである都市担当省庁間代表連絡会議〔DIV〕は直接には都市政策用の資金をもたない。資金は部門別の行政機関の掌握下にとどまる〔当時、そのほうが行政諸部門を新政策に巻き込みやすいと考えられたからである。この仮説はもっともらしく見えたけれども、まったく間違いだと判明した)。都市担当省庁間代表連絡会議は、地方議員に「国家の優先事項」を教えるというただひとつのことに専念した。それは、地方議員たちが国の出先機関と協調して共同でプロジェクトを作って契約を結び、そのプロジェクトに国と地方自治体が共同出資するようにするためであった。

全国都市再生機構とともに「第三タイプの特定任務《ミッション》」が発明されたということができる。それは、都市担当省庁間代表連絡会議がそうであった以上に行政機関から切り離された組織である。全国都市再生機構は、あらゆる行政機関にたいし横断的であるというよりは、むしろ国家に近く隣接している。国家にきわめて近いのだ。だが一線が引かれている。国とその諸部局が機構の意思決定委員会の多数を占めないのだから(とはいえ、これは中央行政機関にとっては大損害であるため、かれらは異端視している)。社会的パートナー(フランス企業運動Medef、賃労働者組合)や、預金供託金庫や、社会住宅供給管理業者(住居のための社会連合を介して。これはかつての適正家賃住宅組織連盟全国連合を改称したものである。適正家賃住宅という言葉を消したのは、供給管理業者がこの言葉は外聞が悪くなったと考えたからだ)や、そして政府の任命した理事団が、中央行政機関の代表者(住居・都市計画・建設局、および都市担当省庁間代表連絡会議)よりも意思決定委員会のなかで「重き」をなしている。そのうえこの機構は、自前の予算をもっていて、政府から委託された特定任務に合致するプロジェクトを提出した市町村に直接、その予算を割当てることができる。したがって、二重の切り離しがある。これがゆえに、遠隔統治についてのフーコーの分析を発展させた統治性研究の語彙を用いるならば、「統治性の脱国家化」について語ることができるのである。

全国都市再生機構は、したがって、ネオリベラルな統治形態を特徴づける組織構造の前衛形態をなしている。ネオリベラルな統治形態は、合衆国に見られるだけでなく、もちろんイギリスをはじめとする多くのヨーロッパ諸国でも見ることができる。恵まれない市街区域向けの政策分野において、先進事例のひとつは、合衆国で一九九二年にビル・クリントンが打ち出した「エンパワーメント・ゾーン／エンタープライズ・コミュニティ」プログラムであった。このプログラムは、免税区域政策に代わるもので、人口五万から二十万の地域について市が提出するプロジェクトにたいし、相対的に高額の予算を政府機関を介して割当てるものだ。その目的は、その地域において企業誘致だけでなく従業員の養成や、文化拠点をふくめその他多くの要素の形成を容易にすることである。イギリスでは「シティ・チャレンジ」プログラムが同様の統治の実践的スキームに相当する。

では、全国都市再生機構は純粋にネオリベラルな産物だと評価できるだろうか。それはできない。なぜなら、市町村連合にかんするシュヴェーヌマン法[36]もまた、その起草者〔Jean-Pierre Chevènement (1939–) 国民議会議員（一九七三―二〇〇二）、ベルフォール市長（一九八三―九七、二〇〇一―〇七）。現在、上院議員。一九八一年以来数々の大臣を歴任。九二年のマーストリヒト条約批准の国民投票では欧州懐疑派として反対し、翌年社会党を離党して市民運動（現、共和国市民連合）を立ち上げた。九七年ジョスパン連立内閣に参加したが、二〇〇〇年にコルシカ島の自治要求問題で自治を容認する内閣方針に抗議して内務相を辞職し、連立離脱した。単一不可分の共和国（左派共和主義）、平等、愛国を掲げるジャコバン主義者として知られる〕の非妥協的な共和主義にもかかわらず、都市圏政策の構築に取り組む市町村にとっての利益の……または不利益の体系を当てにすることしかしないのだから。県議会だけの特権である石への援助〔建築助成〕が市町村に譲渡されるのは、市町村が市町村間協力公施設法人を設立するときである。したがってシュヴェーヌマン法は市町村の自治の名において市町村に責任をもたせるけれども、それは市町村が行政機能から撤退し、政府に指導機能を回収されることを代償にしたのである。

注

（1） Hubert Dubedout, *Ensemble, refaire la ville*, rapport au Premier ministre, Paris, La Documentation française, 1983.

（2） これは合衆国がたどった道筋と正反対である。合衆国ではゲットー対策は、都市再生からはじまったが（五十年代と六十年代のアーバン・リニューアル）、その次に、人種暴動によって都市再生政策が行き詰まった後、アファーマティヴ・アクションとコミュニティ・デヴェロップメントに向かった。

（3） ユベール・デュブドゥは一九六五年から一九八三年までグルノーブル市長であった。かれの市政下のグルノーブルは、六十年代末から七十年代初頭にかけてアソシアシオン活動の「メッカ」であった。アソシアシオン活動は、市民性と市民社会の活性化とのもっとも洗練された形態であると考えられたのであり、ついには国とそのテクノクラートによる管理に伍する力をもたらしうると見なされた。その意味で、アソシアシオン活動は、しばらくのあいだミシェル・ロカール〔Michel Rocard（1930– ）首相（一九八八―九一）〕の「第二左派」にとって結集地の役割を果たした〔社会党や共産党の主流派のジャコバン主義・教条マルクス主義にたいし、全体主義批判（スターリン主義批判）、植民地批判（アルジェリア戦争）、五月革命を契機に形成され、七十年代には自主管理、分権化、参加民主主義を標榜した政治文化のことを指す。キリスト教左派、中道から極左のトロツキストまで広く横断的に共有された。ロカールは政界における代表者。現在では、アンチグローバリゼーションのエコロジストや、いわゆる第三の道に近い社会党ロカール派などに受け継がれているとされる。代表的知識人にフランソワ・フュレ、ジャック・ジュリアール、ピエール・ロザンヴァロンなど。雑誌『エスプリ』は拠点のひとつ〕。

（4） Cf. Christian Bachmann et Nicole Leguennec, *Violences urbaines*, Paris, Albin Michel, 1996, chap. 32.

（5） *Pour en finir avec les grands ensembles*, Banlieues 89, Assises de Bron, 4-5 décembre 1990, Paris, Délégation interministérielle à la ville/Banlieues 89, 1991は、ミッテランのこの演説の詳細な分析をおこなうだろう。また同じく、街区の社会的開発と第二左派におこった相対的な信用失墜――ミシェル・ロカールがマティニョン〔首相官邸〕にいたにもかかわらず――についても。Cf. Jacques Donzelot et Philippe Estèbe, *L'État animateur. Essai sur la politique de la ville*, Paris, Éd. Esprit, 1994.

（6） 「バンリュー89」というこのグループの名称の意味したところを明確にする必要がある。すなわち、郊外《バンリュー》にたいする都市の特権の廃止。したがって郊外の建築的および都市計画的水準を、郊外の建物の決定的な作り直しと引き換えに中心都市の水準まで引き上げること。このグループは、二〇〇〇年の再生政策を予告したので、いまではそのことを自慢している。かれらの政治的立場がその再生に責任をもつ政府とまったく対立しているにもかかわらず。

（7） Hubert Dubedout, *Ensemble, refaire la ville*, *op. cit.*, p. 52.

（8） *Ibid.*, p. 52.

（9）*Ibid.*, p. 53.
（10）*Ibid.*, p. 57 et 60.
（11）*Ibid.*
（12）以下のエマニュエル・デシャンの著作を参照されたい。Emmanuelle Deschamps, *Le Droit public et ségrégation urbaine*, Paris, LGDJ, 1998.
（13）Henri Lefebvre, *Le Droit à la ville*, Paris, Anthropos, 1968.〔アンリ・ルフェーヴル『都市への権利』森本和夫訳、ちくま学芸文庫、二〇一一年〕都市的なものによる社会の近代化にたいするルフェーヴルの批判を理解するためには、一八七一年のコミューンを祝祭としてあるいは祝祭都市のモーメントとして見なすかれの著作もまた同様に読まなくてはならない。H. Lefebvre, *La Proclamation de la commune*, Paris, Gallimard, 1965.〔アンリ・ルフェーヴル『パリ・コミューン』河野健二、柴田朝子、西川長夫訳、岩波文庫、二〇一一年〕
（14）Jean-Claude Chamboredon et Michel Lemaire, « Proximité spatiale et distance sociale: les grands ensembles et leur peuplement », *Revue française de Sociologie*, vol. XI, 1, 1970.
（15）Cf. Françoise Choay, « Le Règne de l'urbain et la mort de la ville », これは次の著作の一部である。Jean Dethier et Alain Guiheux (dir.), *La Ville. Art et architecture en Europe. 1870–1993*, Paris, Éd. Centre Georges-Pompidou, 1994.〔この論文は以下の著作に再録された。Françoise Choay, *Pour l'anthropologie de l'espace*, Paris, Le Seuil, 2006.〕
（16）Henri Lefebvre, *Le Droit à la ville*, *op. cit.*
（17）Jacques Donzelot, Catherine Mével, Anne Wyvekens, *Faire société. La politique de la ville aux États-Unis et en France*, *op. cit.*, p. 59 sq.
（18）この表現は、十一才の少年が死亡した後、内務大臣ニコラ・サルコジがラ・クルヌーヴを訪れたさいに使用した。かれは、比喩的であると同様に字義どおりにカトルミル団地を清掃すると言明した。「明日からカトルミル団地をケルヒャーで一掃する。必要な人員と必要な時間を団地に投入する。そうすりゃきれいになるんだ。」〔二〇〇五年六月、不良少年集団のあいだに抗争が生じ、十一才の少年が団地のなかで射殺される事件がおきた。カトルミル団地 cité des 4000のあるラ・クルヌーヴはパリ北部の郊外に位置する。ケルヒャーはドイツの高圧洗浄機器メーカー。ケルヒャーの清掃機は高圧で水（あるいは蒸気）を噴射して汚れを除去する。〕

(19) Jean Patrick Fortin, *Les Grands Ensembles, op. cit.*

(20) Cf. Yan Maury, « Le logement social dans les métropoles européennes », DRAST, ministère de l'Équipement, 2005.

(21) 社会住宅とその管理者については次を見られたい。Yan Maury, *Les HLM: l'État-providence vu d'en bas*, Paris, L'Harmattan, 2001.

(22) 社会的所有の概念は、学校、社会住宅、無料診療所……といった国家の生みだすサーヴィスを指すために十九世紀末に発明された。これらのサーヴィスは私的所有に属するものではなく、またその利用者が行政組織としての公僕ではなく、庶民であるようなものである。この概念の出現については、次を参照されたい。Jacques Donzelot, *La Police des familles*, Paris, Minuit, 1977, 2005.〔ジャック・ドンズロ『家族に介入する社会』宇波彰訳、新曜社、一九九一年〕また次も。Robert Castel, *Les Métamorphoses de la question sociale, op. cit*, Paris, Fayard, 1995; Gallimard, coll. « Folio », 1999.〔『社会問題の変容』前掲書〕

(23) 統治にかんする遠隔作用〔遠隔行動〕の概念は、その主な根源をミシェル・フーコーに見出せる。この概念は、イギリス人のニコラス・ローズ Nikolas Rose により、*Foucault and the political reason. Liberalism, neo-liberalism, and rationalities of government*(avec Andrew Barry et Thomas Osborne), University of Chicago Press, 1996 と *Powers of Freedom. Reforming political thought*, Cambridge, Cambridge University Press, 1999において系統的に理論化された。フランスでは、ルノー・エプスタン Renaud Epstein が最初にこの概念を都市政策の最近の方向性に系統的に適用した。Cf. « Gouverner à distance », *Esprit*, novembre 2005. わたしたちはかれの分析をとりあげ、

いくつか新しい要素を結びつけることにする。

(24) Jacques Donzelot, « Michel Foucault et l'intelligence du libéralisme », *Esprit*, « Des sociétés ingouvernables ? », novembre 2005.

(25) Cf. Thierry Oblet, *Gouverner la ville, op. cit.*

(26) Cf. le numéro d'*Esprit*, « Des sociétés ingouvernables ? », *op. cit.* この号は、ミシェル・フーコーの一九七八年と一九七九年の「統治性」についての講義を再検討し、この概念をフランスの都市政策に適用することを提案している。

(27) 近代化を推進した時期の全体については次を見られたい。Thierry Oblet, *Gouverner la ville, op. cit.*

(28) *Ibid.*

(29) Renaud Epstein, « Gouverner à distance », in *Esprit*, « Des sociétés ingouvernables ? », *op. cit.*

(30) 六十年代の近代主義《モダニズム》的な行政から「第二タイプの特定任務《ミッション》」への移行については、次を参照。Jacques Donzelot, Philippe Estèbe, *L'État animateur, op. cit.*

(31) 都市政策における指標と指数の利用についての分析は次を見られたい。Philippe Estèbe, *L'Usage des quartiers. Action publique et géographie dans la politique de la ville, 1982–1999*, Paris, L'Harmattan, 2004.

(32) これは *L'État animateur, op. cit.* の最終章のタイトルである。〔じっさいには「分権化、その使用法 La décentralisation, mode d'emploi」である。〕

(33) 次を参照されたい。Jacques Donzelot et Philippe Estèbe, « Réévaluer la politique de la ville », in Richard Balme, Alain Faure, Albert Mabileau (dir.), *Les Nouvelles Politiques locales*, Paris, Presses de Sciences Politiques, 1999.

(34) 二〇〇〇年一二月十三日の都市の連帯と再建にかんする第二〇〇〇—一二〇八号法。

(35) 一九九一年七月十三日の都市基本法。

(36) 一九九九年七月十二日法。

第三章　都市を擁護する政策
——移動性を促し、居住者の実現能力を高め、都市を結集するために

都市政策が派手な失敗に帰したことを説明するには、どうすればよいのか。つまり、「二〇〇五年十一月の夜」に都市政策が直面した暴動が、一九八一年に都市政策の発端に大きな役割を演じた暴動よりも、それどころか、一九九一年に都市政策の新規まき直しを促したさらに大規模な暴動さえも凌駕して、はるかに容赦なく暴力的であったことを説明するには、どうすればよいのだろうか。二〇〇五年の暴動はおそらく都市政策を公然と狙ったのではない。公然たる標的ということでは、この暴動にはじっさいのところ内務大臣〔ニコラ・サルコジ〕の発言があっただけだ。あれら街区の若者が自分たちのことを指すのに自嘲をこめて使うからといって、その言葉でかれらを名指すという内務大臣の乱暴すぎるやりかたがあっただけだ——ようはユーモアがたりず、国家権力がすぎた。あの暴動は、都市・社会凝集・労働担当大臣〔ジャン＝ルイ・ボルロー。ただし、当時の職名は正確には、雇用・社会凝集・住宅担当大臣である〕をとくに狙っ

てはいなかった。むしろ無視したのだ。だがこの無視そのものが意味深長に思われる。なぜなら、内務大臣が郊外を燃え上がらせることができたのは、都市担当大臣が恵まれない郊外に暮らす人びとに実質ある希望を与えることができなかったせいでもあるのだから。それは都市担当大臣が厳しい折衝と引き換えに多額の予算をぶんどれなかったからではない。また大臣がメディア利用もふくめ――なによりもメディア利用を、というひともいるかもしれない――惜しまず精力を傾けて、政策の新規性と効力について説明しなかったからでもない。そうではなく、あたかもなにも実行されずなにも語られなかったかのように、なにもかもが進行したのだ。というよりむしろ、実行され語られはしたのだが、それがあたかも主要関係者たちとは関係がなく、かれらのことを直接には計算に入れず、興味の対象にしていないかのようであったのだ。

八十年代を特徴づける政策である街区の社会的開発政策は、一九九〇年にヴォ＝アン＝ヴランの若者たちが、おとなしく取り組むべく与えられた有名なクライミングウォールを破壊したときに敗北した。そうして若者たちが知らしめたのは「若者たちはゲットーを飾るためにいるのではない」――実効をあげるというよりは取り繕うための政策を指すのにアメリカ人が好む表現を用いるならば――ということだった。その後にジャン＝ルイ・ボルローが進めた政策は、明らかに檻を飾るのに甘んじることなくむしろ檻を打ち壊すことを狙っていたにもかかわらず、ではいったい、どのような意味でひとはこれを非難するのだろうか。それはおそらく、この政策が檻を打ち壊そうと望んだ理由が……人間が檻のなかにいるのをもはや見ずにすませるためだったからだ。しかも、その政策が住民よりも壁に熱心であったがゆえに、働きかけられたはずの住民は、けっきょくのところ、政策の与える印象から自分たちが積極的に配慮されているとはとても感じられなかったからだ。

とすれば、都市に対処する政策〔都市政策〕について非難すべきことはなにか。都市政策が今日呈している様子について非難すべきことはなにか。都市政策に哲学を提供する社会的混合の要請について非難すべきことはなにか。都市政策のもっとも完成された実践である大規模な都市再生について非難すべきことはなにか。軽量な機関〔全国都市再生機構〕が市町村と直接交渉する手法による統治方式について非難すべきことはなにか。原則についてはなにも非難すべきことはないが、やりかたについてはあらゆることを非難すべきである。だが、いかなることも、おそらくやりかたにかかっている。都市がひとつの全体すなわち同時に開いても閉じている集団——人を魅了しつつ安心させるがゆえに、あらゆる住民が都市のなかを、そして自分の人生のなかを安心して移動するのを可能にする——をなす可能性もふくめ、そのやりかたにかかっているのだ。社会的混合がとりわけ、もっとも貧しい人びとを追い散らして中流階級によりよいものを提供するというかたちで表現されるときに、なぜ社会的混合を課そうという意志をかくも傲慢にふりまわすのか。そのような条件のもとでは、混合を課すよりも移動性を促すほうがよくはないだろうか。住居や団地を再生してなんになるのか。それを、居住者たちが自分たちの街区や都市における実現能力を高めるために利用しないのならば。市町村にたいし奨励的な統治方式を創設してなんになるのか。市町村がばらばらに活動するのならば。そして、その統治方式を、都市の再統一――都市のスプロールと分断をくいとめるのを可能にする――を推し進めるために利用しないのならば。

「十一月の夜」の発端となったクリシー＝ス＝ボア市は、この政策の三重の弱点の完璧な例証である。社会的混合は？　たしかにそれは、この市の全員の願いであり、この市がひとつの都市であってほしいという全員の希望の表現法でさえある。だが、この市のことを深く知ればだれもがすぐに理解するのだが、クリシー＝ス＝ボアの第一の問題は、混合ではなくて移動性であり、もっといえば道路や地下鉄の幹線に容易にアクセスできないことである。交通の便があまりに悪いために、この市は居住者たちを地域に足留めする。そして出口のありかは絶望的に遠い。とすれば、より富裕な人口を、どうして惹き寄せることができるだろうか。あるいはまた、生活水準の向上した人たちを、どうして引き止めることができるだろうか。ここにとどまるのは出ていくことのできない人たちだけだ。国勢調査のたびに人口の半分が入れ替わる。到着するやいなや人びとは、手段が手に入ればすぐにここから出ていこうと考えるのだ。市長のクロード・ディラン〔Claude Dilain（1948-）社会党の政治家、医師。クリシー＝ス＝ボア市長（一九九五―二〇一一）。二〇〇八年にフランス都市・郊外市町村長連盟会長に選出。現在は上院議員〕がわたしたちに説明したところによれば、かれの夢はたいへん慎ましくも「住民の引越し先が少なくとも一回は当市内にあること」なのだ。市町村内の移動性はじっさい、混合を「課す」夢想よりも、はるかに現実的な社会的混合の条件である。混合を課せば、市町村内に滞るがゆえに憎まれ役を演じている人びとを追い出すことになるのだから。再生を、むしろ、居住者たちが自分の生活環境や生活そのものにたいする支配力を高める契機にできないだろうか。

都市再生法で予定される聴聞会は生産的というよりはひとを消耗させる。クリシー＝ス＝ボアの場合のように、議員が真剣に取り組むときでさえもそうなのだ。聴聞会は、ダイナミズムをまったく生みださず、むしろ無限の泣き言を生みだす。それゆえに、居住者たちの生活環境への態度に変化をもたらしたいのならば、情報提供と聴聞会の手法よりも志の高い住民参加の手法で再生事業を補わなくてはならないだろう。

議員の自治権をてこにする議員たちの有責化は？　それが市町村財政の不公平を正当化するのに帰着するなら、なんになるというのか。イル＝ド＝フランス〔パリ市とパリの郊外・外郊外をなす七県とからなる州〕の市町村間のほとんど完全な連帯の欠如のゆえに、責任譲渡〔有責化〕はひとを愚弄するものとなる。市町村の豊かさの度合いを計算に入れる地方議員の「利己主義」は改まらないのだから(1)。

混合を課すより移動性を促すこと。再生を利用して居住者たちの実現能力を高めること。都市を民主化するために再結集すること。これら三つの方向性を、都市に対処する政策 politique *de* la ville を都市を擁護する政策 politique *pour* la ville へと転換することのできる三つの手段として提示しよう。

混合を課すより移動性を促すこと

居住環境のなかでの、つまり居住環境による社会的混合の原則について非難すべきことはなにか。なにもない。ただし、フランスでは社会的混合が知識《サヴォワール》のというよりは信仰の対象であり、もっといえば知識《サヴォワール》信仰の対象であることを除けば、の話だ。信仰される知識が、信じることに根拠を与え、自明性の恩恵を付与するがゆえに、その信仰は証明に付されるまでもないものであるかのようである。わたしたちはある意味で分かって《サヴォワール》いると信じているのだ。つまり、信仰と知識の結合から生じる奇妙な混合物を。わたしたちは信仰を尊重する。だが知識には屈しなくてはならない。その生産様式の土台をなすのが不完全さの自覚である以上は。いったい、信仰＝知識のようなものについてどう考えればよいのか。本質的にまったく相容れないふたつの真理体制どうしを保障させあう確実性の体制について、なにをいえばよいのか。少なくともいえるのは、そのような確実性の体制は疑ってかかるべきだということである。というのも、誤りを必然的にもたらすからではなくて、信仰のやりかたで主張されることがらを知識のやりかたで討議ないし検証するのを阻むからであり、科学的知識と信仰の固さをいっしょくたにしてしまうからである。だとすれば、都市生活にかんするもっとも基本的な事業での知識信仰の使われかたを考察するだけで、それがひとつのことがらとその正反対とを同様に意味するのだと気づくことができるのである。

混合は、じっさいにいかなる事業をも正当化できる白地小切手〔金額を書き込む欄が空白のままの小切手〕として働く。なにしろ街区の社会的構成をある方向にも別の方向にも変更するのだから。だが混合は、他の方向よりもとりわけあるひとつの方向にむけて変更する……。社会的混合の名においてじっさいに語られるのは、ほとんどの場合、庶民的階級が多すぎるところに中流階級を導入する必要なのであって、その逆ではない。しかも中流階級の導入のほうがうまくいくのだ。社会的混合は、たとえば、都心の「失地回復」を企てる市町村執行部が主導する政策を正当化するのに大いに加担している。かれらが売りに出された家屋全体の先買権を行使するのは、その家屋を修復して、かつてよりもはるかに高値水準で所有権付与型や賃貸の市場に戻すためだが、そのためにあまりにも恵まれない顧客の手が届かなくなってしまう。ほとんどの場合、このような失地回復の根拠は、問題の都心が民族《エスニック》商店に「侵略」されていることに見出される。というのも、それら商店のせいで、近隣市街の地価が下落し、「普通」の商店が衰退し、さらには中流階級が周辺村落部――そこでは不愉快な隣人を避けることができるうえに自宅にプールをもてるのだ――へと去ってしまうのだから。そこには本当に非難に値することはなにもない。ただし都市の魅力がその規模のいかんにかかわらず都心のイメージにかかっているとすならば、の話だが。それは「場所闘争」の問題、すなわち不活発な多数派とのさばる少数派のあいだでの場所の支配権をめぐる闘争の問題である。(2) 非難に値することはなにもない。ただし、場所の支配権をめぐる闘争は明らかに不平等なのに、そうとはっきり言表されていないことを除けば、である。そしてとりわけ議員が社会的混合を引き合いにだしたからと得意満面だけれども、問題の民族マイノリティの運命に一顧も与えないでいることを除けば、の話だ。周知のように民族マイノリティは、学業の成功よりも商売をつうじてのほうが容易に〔社会的に〕上昇できるのだから。(3)

同じ考えかたが、大都市の庶民的街区の有名なジェントリフィケーションにあてはまる。パリ東部がそのもっとも知られた事例をなしている。中流階級は、第十区〔パリ中央部北東に位置する。北駅と東駅の周辺は庶民的街区で、現在はヒンドゥー系が優勢である〕にあるような庶民的街区にやってきて、まだ入手可能だった住宅を見出した。それら街区にかれらは庶民的なあるいは民族的《エスニック》なしるしを感じて、それを楽しむのである。けれども、そこにはあっというまに「しるし」しか残らなくなる。庶民的で民族的な現実のほうは消滅に向う。国勢調査のたびに判明するのは、居住者の多数はニューカマーで、主に中流上層階級に属するということである。民間住宅物件は中流上層の人びとの手に渡るので、たいてい中間職〔管理職《カードル》と一般労働者の中間の職業分類。技術者、職工長や小学校教員、看護師など〕である古い居住者たちがこの街区にとどまるためには社会住宅に移るしかない。ただしそれは空きがあれば、ということであって、第十区の場合そうはならなかった。パリ東部諸区のジェントリフィケーションへの「抵抗」は、じっさい、各街区の社会住宅在庫数の関数であるように思われる。第十三区や第十九区のいくつかの街区のように社会住宅が支配的なところでは逆の現象が、つまり上流階級の脱出の加速がおこっているほどだ〔第十三区はパリ周縁部南に位置し、パリ最大の中華街を抱える。第十九区はパリ周縁部北東に位置し、古くからの貧民街として知られるベルヴィルをふくむ〕。このような場合については、社会的混合ではなく貧困化が語られるべきである。(4)

庶民的街区における過剰なジェントリフィケーションへの抵抗手段である社会住宅は、くだんの庶民的階級を裕福な街区へ誘致するのにも有効だろうか。都市連帯再建法のおかげで社会的混合の名のもとに社会住宅が造られた。だがこの方向での混合はかなり慎しいものにとどまるばかりか、なによりもほとんど実現しがたいのである。居住者五万以上の都市圏にあるすべての市町村に住宅の二十%を社会住宅で建設する義務を課し、違反すれば罰金を支払わせるという、この法律の名高い第五十五条の成果は、かなりお粗末なのが明らかだ。(5)一般的にいえば、すでに十五%以上を社会住宅でまかなっている市町村は、罰金を避けるために、二十%基準からの開きを熱心にうめる姿勢を見せる。割かれるべき支出はたしかにわずかであり、それにそのせいで市町村のイメージが変わるわけではない。これにたいして、十%を下回る市町村、なかでも五％未満の市町村は、大半が罰金を支払うほうを選ぶ。罰金は、富裕人口の住む市町村の地価と釣り合うならそれほど恐るべきものではないからだ。有名な条項は、したがって市町村の社会的構成をほとんど動かさなかった。[6] この法律のおかげで、たしかに、より多くの市町村でより多くの社会住宅が利用可能になった。けれどもこの拡充が貧困の一大集積地の住民にかかわることはないか、あるいはほんのわずかしかない。

都市連帯再建法の圧力のもとで市町村が社会住宅を造るのは、その市町村内に貧しい人たちを住まわせるためである。だが、その貧しい人たちはしばしば、ほとんど貧民でない人たちである。というのも、かれらは裕福な市町村住民の世帯分割の生みだした産物なのだから。裕福な家族の子どもたちでさえ、学生のうちは適正家賃住宅の所得上限基準を下回る。こうした世帯分割の効果のほかに、教員や看護師や老人介護要員の住宅の手配のことも考えなくてはならない。そうした人たちを近くにおけることが、くだんの法律の適用を決断する市町村長の主要な論拠をなしている。とるべきなのは重きをなす居住者たちの利害なのであって、住宅の七十―八十％が社会住宅である市町村への集中緩和という目標ではない。たしかに県知事が、望まれざる貧民たちを引き受けさせるために〔社会住宅〕割当て指定権の一部である有名な住宅一％を利用して、裕福な市町村に社会住宅の新設による住民受入政策を受諾するよう強制することもあるだろう。だが現状においては市町村は、市町村間協力公施設法人（ＥＰＣＩ）に加盟すれば、それですむ話なのだ。加盟した市町村から裁量を継承した市町村連合機構が、今度はそ

の裁量を委任するのだから……各市町村長に。(7)

都市基本法による、ついで都市連帯再建法による貧困の集中緩和の試みが失敗した証拠がもし必要だというなら、それは適正家賃住宅総体の社会的構成の変化に見出すことができる。適正家賃住宅の居住者の所得水準は八十年代初頭以来たえず下落している。フランスの世帯収入の中央値水準を下回る借家人の割合は、一九七三年の四一%から二〇〇二年には六八%に達した。だが、もっとも重要なのは、見かけの需要が一貫して増大して見えるにもかかわらず、一九九九年から二〇〇二年のあいだに適正家賃住宅と民間住宅のあいだの移動性が減少しており、しかも適正家賃住宅間でも事情は同じだということである。二〇〇四年に四八万戸にたいして一三〇万の申請者があったけれども、その申請者の三分一はすでに社会住宅に居住している人びとであった。ということは、集中状況がいくらかでも解消されたことを示すものは、なにもないのである。

したがって、わたしたちは少なくとも社会的混合の言説について次のように非難できる。この言説は、その主要な正当性の源となった問題すなわち貧困の集中に対応しておらず……しかも、ほとんどの場合に一等地の回収を正当化するのに加担している、と。一等地に造成された社会住宅団地はしばしばもっとも古く、したがってもっとも都心近くにあるがゆえに、回収するのは中流階級の利益に適うのだ。繰り返すけれども、こうした事業それ自体には、庶民的階級の住む場所を神聖化するイデオロギーの側に立つのでなければ、非難すべきことはなにもない。庶民を単純化して「所有者」に対立させるためにもちだすのは、いかなるやりかたをしても時代遅れのフェティシズムだという理由で、そのようなイデオロギー的態度を退けるとしても、それでも都市再生事業において居住環境の社会的混合というテーマをたんなるお題目として利用した、そのやりかたについて考察を深めることは可能である。

その点で、都市再生の枠組みで働く研究所や建築事務所の責任者たちの意見はとりあげるに値する。かれらの大多数がまず指摘するのは、社会住宅建物を所有する供給管理業者の都市再生事業における主導的役割である。供給管理業者の大半は明らかに、あれら馬鹿でかい建物を厄介払いして別の客層向けの建物に建て替えるための資金を獲得するのにきわめて熱心である。その目的のために供給管理業者は、取り壊すと決めた建物の居住者を在庫の別建物のうち貧弱な物件に寄せ集めるのである。議員たちもほとんど同じ考えかたに与しており、再生事業を、かれらの雇用圏〔労働力人口の居住と就労が同時におさまる地理的圏域。労働力供給にかんする経済圏〕のより内側の区域に中流階級を惹きつける手段と見ている。そのためにあらかじめ、その区域の住民のうちかれら議員の目に「目障り」な部分を切り捨てておこうというのだ。ということは、こうした欲得づくの構想は、嫌悪すべきでも称賛すべきでもないが、社会的混合のテーマに隠された実際的な動機の本質部分をなしているといわなくてはならないようだ。社会的混合の第一の客観的目標が金持ちの近くに住む利点を貧民に享受させることだとしても、その価値が、再生の主だったアクターたちの主要な関心事にはとても見えないと認めなくてはならない。

要約しよう。社会的混合が大いに実効をあげるのは、民族マイノリティが都心で潜在的に金になる土地に干渉してくるのを妨げたり、あるいは民族マイノリティをそこから排斥してしるししか残らないようにする場合である。社会的混合は、裕福な市町村に貧民を移入しようとするときにはほとんど成功しない。そうこうしているうちに社会住宅の総体では、住民所得の平均水準が低下していき、民間住宅に手が届かなくなるがゆえに住民たちは社会住宅に封じ込められることになる。こうして、現住者たちが滞るせいで社会住宅総体の内部で閉じていることの影響が大きくなる(8)。こうしたことがらの一切からは、フランスでは社会的および/あるいは民族的な混合は、尊ばれるほどにはあまり顧みられない現象であって、お題目の対象ではあるが省察の対象ではほとんどないとしか考えようがない! わたしたちはすでに、こうした初歩的な事実確認から基本的だが重要な教訓をとりだしていた。すなわち、金持ちの住んでいるところに貧民が行けるようするよりも、貧民の住んでいるところに社会的混合を課すほうが簡単だということである。それは明証《エヴィデンス》に属することがらだとひとはいうだろう。けれども、社会的混合の賭金はなにか、社会的混合を作動させているのはなにか、社会的混合が想定受益者、社会この場合もっとも恵まれない人たちの利益になっているかどうか理解したいのなら、教条よりもむしろ観察するべく与えられている物事から出発しなくてはならない。それゆえにこの「明証」は、観察と実験によって詳細に研究され理解されるに値する。そのような観察と実験は、フランスよりも他の西洋諸国で大いに進んでいるように思われる。

それでは、都市的なもののなかでの社会的混合について、そしてそれを実現させ有効にする諸条件について、観察と実験を体系的に用いてなにが分かるだろうか。まず最初に、普段生活している地域よりも安価でしばしば立地条件がよい不動産の利点に惹かれる中流階級を貧しい街区に住まわせようとする動きについていえば、いくつもの理由で多くの留保をつけないとそのような動きは促進されない。それはあらゆる意味で、もとの居住者(貧乏な)とニューカマー(裕福な)を分かつ所得や文化の格差に関係する。

大きな所得格差の存在は、期待された利益よりも負の緊張のほうがはるかに勝るような状況をひきおこす。都市の中心部であれ周縁部であれ、ますますひんぱんに目につくのは、最初、移民や貧民が占めていた地域に、あちらでは都心性の効用によって、またこちらでは場所柄の良さによって惹き寄せられた新しい住民が住み着くという事態である。パリ東部が都心性の追求にまさに相当するとすれば、マルセイユ市の端、オ・ド・マザルグ街区〔第九区、市街地の南端に位置する」は、一等地の安さの追求が及ぼす社会的影響の完璧な例証を提供する。長いあいだ社会住宅団地〔バウ・ド・ソルミウ団地〕の移民たちに委ねられてきたマルセイユのこの街区に最近、地価の安さと海の近さに惹かれて中流階級と上流階級が住み着くようになった。このように貧民たちのもとに金持ちが突然まじった結果どうなっただろうか。裏返しの社会的混合の感情が生まれたと、政治家やこの街区担当の社会的アニマトゥール〔animateurs sociaux ソーシャルワーカーの一種で、社会文化的活性化《アニマシオン》事業に携わる〕はいう。かれら政治家たちは、並存はするが共用する空間以外では近寄ることもしない——しかも共用空間で近寄るときは明らかに不愉快そうな——二種類の住民の調停者という、まさしくきわめて微妙な立場におかれている。住民たち相互に共通点がないのだから。バウ・ド・ソルミウ団地の居住者たちは知っている。相対的に階級が上の「ドメーヌ・デュ・ロワ・デスパーニュ〔スペイン王領〕」という最近近くに造成された共同所有《コプロプリエテ》住宅地に住めるチャンスはついにめぐってこないが、共和主義的ゾーニングのせいでそれら住宅の住人たちと一定数の施設〔公園、駐車場、商店など〕を共用しなくてはならないことを。裏返しの社会的混合の結果は、したがって、住民の恵まれないほうの〔社会的〕上昇運動ではなくて、かれらが抱く憎悪の増大として表れる。こうして、恵まれない人びとニューカマーのあいだに設けられた施設から活気が失われる。社会住宅団地の近くにある中流階級の邸宅《ヴィラ》を守る防壁がたえず高くなるのだから[9]。

文化格差がジェントリフィケーションに期待される積極的な効果を小さくしたり打ち消したりすることは、所得格差より分かりにくいとはいえ少ないとはいえない。オランダは一九九七年以降、戦後に建設された適正家賃住宅タイプの、したがってほとんど魅力のない住宅にたいするいわゆる「コントロールされたジェントリフィケーション」プログラムを打ち出した。賃貸住宅全体の二十％を取り壊し、それを「都市的ブルジョワジー」を惹きつけるための高級住宅でおきかえるというものである。このような形式の混合をとおして狙われる目標は、三つの性質を帯びている。すなわち、街区のイメージを改善すること、ニューカマーを近隣に巻き込んで民族マイノリティ（主としてモロッコ人とトルコ人で、それにくわえてスリナム人）のおかれている文化的孤立を打破すること、そしてかれら貧しい住民の経済的機会を開発することである。これは自生的なプロセスではないが、意志にもとづいて熟慮され、慎重に計算された政策である。にもかかわらず成果は相対的に期待外れのように見える。その理由は、二種類の当該住民の文化格差にまさしくかかわると思われる。

このプログラムの効果を体系的にテストするために調査が行われた。調査は説得的な結論をほとんど示していない。「コントロールされたジェントリフィケーション」実験の追跡を請け負った社会学者たちがたくさんの詳細を挙げながら記述したのは、社会的構成要素を増やしても〔住民構成を多様化しても〕、混交のよい効果すなわち人を巻き込むダイナミズムが生まれず、かえって自己への退却すなわち人づきあいの縮小がおこる、そのことの次第であった。出発点には民族マイノリティが旧都心に過剰に集中しないように闘う政治的意志が存在した。マイノリティは、その旧都心に贅沢とはいえないが体系的な再生の恩恵を受けた居住環境を見出した。〔公共〕サーヴィスもまた改善された。たったひとつ、だが重大な影がこの場面にさした。雇用がついてこなかったのだ。では、なにをなすべきか。民族マイノリティがもっと社会に参入できるようにすること。生まれつきのオランダ人たちとの交流〔関係〕を発達させること。そうすることで情報が流れるようにし、民族マイノリティが雇用に就ける機会をもてるようにすること。そのような交流〔関係〕はどうすれば発達させられるのか。白人の中流階層の興味をひく不動産取引を利用して、当該街区にそれらの人びとを惹き寄せることによって。考えかたはこのようなものであった。結果は？　雇用、学業成績、アソシアシオン活動の分野で民族マイノリティにはなんの改善もなかった。相対的に評価できる唯一の利点があったのは公共秩序〔治安〕の面であった。

こうした「学問的」な事実確認が惹起した広汎な議論は、まだ閉じていないけれども、問題の期待外れを移民とニューカマーの文化の溝によって説明する方向に傾いている。このことが意味するのは、居住環境における混合があったとしても社会的交流〔社会関係〕の混合がついてくるとは限らないということだ。その理由は「弱い紐帯」を太くする困難であるだろう。アングロサクソンの社会学では、文化的にいってもっとも遠い人びととのあいだに橋を架ける紐帯〔つながり〕のことをそのように呼ぶ[10]。この紐帯こそが、もっとも貧しい人びとの社会関係資本を殖やすものなのである。だが、この「弱い」紐帯を作るには、ひとと接触する気軽さつまり最小限の共通コードを自由に操る能力が前提となる。ある所与の空間のなかで社会階層や文化スタイルが錯綜するとき、隣人とコミュニケートするにはコードの多様性に熟練することが必要である。だがこの熟練はときにあまりに難しくて獲得できないことがある[11]。こうした混交の影響は、問題の多様な社会的・文化的諸世界のあいだに橋を架ける交流〔関係〕の確立というよりは、自己に退却する傾向に表れる。自己への退却はもっとも貧しい者たちがすることにほかならない。よく知られているように、庶民的な街区に中流階級を呼び寄せるためには、よそよりも良質で安価な不動産でかれらを惹きつけ、貧困を「分散」させるだけでなく、とりわけ、事業を頓挫させるリスクを冒すのでないかぎり、それぞれの住民向けに別々の小学校を用意することも前提となるのである[12]。

逆の動き、つまり貧民を裕福な街区や市町村に、あるいはもっと微妙なことになるが、民族マイノリティを白人街区に迎え入れる動きについていえば、この事業はリスクを平等にもたらすけれども、事業をつかさどる考えかた次第でもたらす利益がきわめて不平等になる。この点でアメリカの実験は、ヨーロッパよりも大きな困難に直面してきたがゆえに、われわれ固有の観察よりも比較にならないほど多くのことを教えてくれる。しかも問題の深刻さを考えあわせるならば、アメリカでは実験や観察や教訓に歴史が、つまり理解の進歩がある。このことは、わたしたちがアメリカ人よりも混合を尊んでいるからという口実で無視するわけにはいかないことがらである。なにしろ明らかにわたしたちは混合の本質的な難しさをそれほどよく理解してはいないのだから。

アメリカにおける混合の実験の歴史は、あるアソシアシオンのシカゴでの行動とともに七十年代にはじまる。そのアソシアシオンを創設した代表者、ドロシー・ゴートロー〔Dorothy Gautreaux(1927–68) コミュニティ・オーガナイザー、公民権活動家。白人地区の団地に黒人を入居させないシカゴ市住宅局の住宅政策は人種差別であるとして、一九六六年に他の黒人団地住人とともに住宅局と連邦住宅都市開発省を相手どって裁判を提起した。ゴートローが病死した直後、六九年に住宅局に勝訴したが、無罪とされた住宅都市開発省にたいする裁判が継続し(ヒルズ対ゴートロー裁判)、七六年の最高裁判決によりゴートロー・プログラムが開始された。裁判の実質的な主体は主任弁護士のアレクサンダー・ポリコフであった〕を有名にしたのは、住宅における人種隔離のかどでシカゴ市長〔リチャード・J・デイリー Richard J. Daley(1902–76) シカゴ市長(一九五五―七六)。民主党のマシーン政治のボス〕を有罪にするのに成功したことであった。かくして彼女がえた連邦政府の資金は、貧しい黒人家庭がゲットーを脱出して郊外《サバーブ》の裕福な街区で暮らすのを援助する慈善プログラムに使われた。このプログラムが手がけたのは意欲的な家族たちで、かれらは選抜され、そして移住にあたって支援を受けた。ゴートロー・プログラムは七十年代と八十年代に何千家族も手がけた。
だがこのプログラムは九十年代初頭に停止を余儀なくされた。事業が成功する見込みを保障できるほど充分に「積極的」な特徴を具えた家族を見つけるのが難しくなったのだ。結果については、広く肯定的に評価された。長期調査によると「ゴートローの家族たち」は、そのすべてないしほとんどが、ゲットーに残った家族よりも明らかに有利な将来をもつことができた。

ゴートロー・プログラムの結果はきわめて肯定的であったが、とりわけプログラムが依拠してきたモデル家族の事実上の消滅によって事業が停止したことから根本的な疑問が浮かび上がった。すなわち貧困問題は、獲得され蓄積されるある種の文化的性向――貧困の文化――にもっぱら起因するのか、それとも社会的で空間的な環境からとりわけ帰結するのか。二番目の仮説がもし正しければ、貧民をよりよい居住環境に移せば文化的条件づけが消滅することになるだろう。この疑問に答えるには、ゴートロー・プログラムをもっと厳密な方法論と追跡調査を追加したうえで再開することが必要だった。そこで、「機会への移住」(MTO)という名の新しいプログラムが打ち出され、一九九四年に開始されて十年余にわたって続けられることになった。五都市(ニューヨーク、ボストン、シカゴ、ボルティモア、ロサンゼルス)で実施され、四六一〇の意欲的な家族を手がけた「機会への移住」プログラムは、資金援助をえて貧困がほとんど集中していない地域の賃貸住宅に移り住む支援を受けた家族のグループの結果を、もとの地域に残った対照グループの結果と比較対照した。移住支援の有効性を浮き彫りにするために、プログラムの主唱者たちは、第三のグループを設定することにした。このグループは、引越しを促すための手当は受けるが、社会的混合に想定される効用を名目とするなんらかの地理的制限は付加されない家族から構成された。

「機会への移住」プログラムの追跡調査を請け負った専門家たちにとって、第一の事実確認はほとんど驚くべきものでなかった。三つのグループのうちもっとも向上しなかった、もっといえばまったく向上しなかったのは、対照グループすなわち資力も支援もなくゲットーに残ったグループであった。第二の事実確認のほうが思いがけないものだった。というのも、観察者たちが驚いたことには、このプログラムの誰の目にも明らかな成功者は、第一グループつまり強力な支援の恩恵を受けたグループのメンバーではなく、第三グループつまり、住宅手当タイプ（ヴァウチャー）の純粋に資金的な家賃援助をえた家族からなるグループだったからである。これらの家族は、移住先を厳密に生活水準に合わせるべきという要請を満たさずとも、自分たちが住みたいと思う場所を選ぶことができた。

要約すれば以下のようになる。ゲットーに残った家族は向上しなかったか、あるいはほとんどしなかった。支援を受けて相応の生活水準の街区に住むことになった家族には、肥満の減少や女子の就学期間のわずかながらの伸びといった、いくつか肯定的な要素が記録された。だが、しばしば行動の面で、とくに黒人少年については、否定的な要素が優越した。かれらはゲットーの黒人少年よりも際だって警察の逮捕目標にされやすく、将来はるかに犯罪に陥りやすい。（少なくとも財産犯の分野においては。財産犯は際だって増加したが、他方で暴力行為は減少した。）このように確認された犯罪悪化の理由は、かれら黒人の若者たちが白人中流階級の街区ではゲットーでよりも厳しく監視されるから、あるいは……そのような場所では犯罪の誘惑に過剰にさらされ餌食にされてしまうからであるかもしれない。この第一グループの子どもたちの学業成績が、ゲットーに残った子どもたちと比較して大差ないと確認されたことについては、次の現象で説明された。すなわち、中流階級の街区に定着したゲットー出身の家族は、その大部分（八十％）が、新しい住所に対応する小学校よりも前の住所に近い小学校かそれと同じタイプのところに子どもを登録するのを選んだのである。それほどまでに文化的差異は克服しがたい障壁をなすものと、かれらには映っていたということだ。

ようするに、成人の肉体的ないし精神的健康についてであれ、若者の学業成績や問題行動についてであれ、もっともよい結果を残したのは、社会的混合の規定水準を課されずに移動性を促された人たち〔第三グループ〕であった。この成功は、かれらの社会紐帯が断絶していなかったこと、そしてそれ以前に、家族たちが新しい定住地に親しみを抱くことができたことによって説明される。これと対照的に、中流階級の街区に移り住んだ家族がその子どもたちと交際させたのは、その子どもたちとあまりに違いすぎる若者たちや、子どもたちがほとんど感情移入できない大人たちだった。ようするに、もっともうまくやり抜ける者とは、街区の悪影響（子どもや片親家庭にとっては、さらに深刻な負の影響となる）を免れるよう提供される新たな資源を利用するけれども、だからといって帰属してきた社会環境から断絶して中流階級の環境に飛び込んでいかない者たちなのである。自分らしさも支えも失ってしまうかもしれないのだから[13]。

こうした実験と観察から、したがって、少なくとも次のことがらをとりだすことができる。すなわち、貧困の集中という異常事態（政治家にとっての）をもっとも迅速に解消したいと望む政治家の目に、たとえ作業がそれほど人目を惹かず意に満たないとしても、混合を課すよりも移動性を促すほうが有益だということである。いかなることもやりかたにかかっていると先に述べた。だが厳密にいって、いかなる方法をもって社会的移動性を促し、住民をふたたび動かすのか。かれらは明らかに立ち往生の状況にあるのに。機会《オポチュニティ》という言葉に注目してもよいだろう。この言葉は、フランス語に翻訳すれば偶然《シャンス》という言葉にしかならないが、アメリカの文脈ではそれよりももっと広い意味をもっている。機会《オポチュニティ》とは、ひとの生活が変わるときに訪れるきっかけのことであって、したがって語の統計的意味での偶然《シャンス》以上のことがらである。もちろん、そのようなきっかけを生みだす文脈に働きかけることは可能である。きっかけは社会学的には奇跡に属さないのだから、どうすればきっかけを増せるのかわかっている。移動性を促すこと。それは人びとが自分のおかれた条件を改善するのを妨げる障壁を小さくすることだ。問題の障壁は、すでに述べた分離にまつわるもので、棄て置かれたところと外郊外のあいだ、そして外郊外とジェントリフィケートされた都心のあいだにあった。わたしたちは、境界線を取り去るためにどのような手段をもっているだろうか。主には三つ、すなわち住宅、就学、雇用がある。

まず最初に、人びとの社会的移動を促す住宅の分野でなにができるだろうか。この分野で主要な問題は、貧しい住民たちが老朽化した社会住宅に滞っていることである。老朽化した社会住宅が住宅危機に対応するのに失敗したのは、規模が大きく現代社会に不適応な性格のせいで、もはや人びとの期待にまったく添わないからである。そうであるがゆえに、住宅をもっとたくさん建設し、価格とタイプを可能なかぎり多様化しなくてはならない[14]。これが現在の政府が取り組むべきことがらではないのか。そのとおり。ただし、この取り組みを成功させるためには建設用地の拡大を図らなくてはならず、そのためには政府が触れずにきたいくつかのタブーを覆さなくてはならない。その筆頭が所有権の規定である。国の保留地(あまり意味のあるものでなくなった)を利用するだけでなく、土地財産というものにも手をつけることになるだろう。どのようにして？　実行可能性に差のあるふたつの解決法によって。

第一の方式はオランダで利用されている方式である。オランダではほとんどの場合、土地は市町村に帰属している。つまり所有者は建物の所有者であるにすぎず、敷地については市に借地料を支払っている。このような仕組みのおかげで市町村執行部は、市街地域の変化に直接介入し、社会階級間の近接関係をなだらかなものに組織し、旧都心のジェントリフィケーションを巧みに配合することで民族集住の影響（初期には旧都心への集住が奨励されたのだが）をいくらか小さくすることが可能である。

第二の方式はドイツで実施されている。これは税制の一形態をとおして土地に働きかけるものである。地所が近隣の土地整備の恩恵を受けたとき、土地の市場価値にたいしその変動におうじて課税する。したがって、土地の市場価値すなわち課税水準の変動をつうじて利用可能な土地を増やすのはそれほど難しくないということだ。都市のなかで立地条件のよい、したがって高価な地所が更地だからといって課税不能であるというのは、フランス的特殊性であり、我が国で土地所有が享受する神聖性を反映するものである。建設分野において、土地への効果的な課税は公共行動の主要な資金源である。[15] 計画化当局がオランダやイギリスのように都市圏の水準におかれるならば、課税はいっそう効果をあげるだろう。[16]

就学は、まさに住宅と結びつくと社会的移動への第二の障壁をなすものとなる。小学校や中学校の所在地と、そしてそれら学校のある街区の社会的構成のありようとが、学校で与えられる教育の実質の、または推定の効果をどの程度まで決定するのか、わたしたちは知っている。子どもが学齢に達したとき、教育効果の点でもっと評判のよい街区に移り住むために、多くの家族が引越しに払う財政的犠牲のことを、わたしたちは知っている。かれら家族は家計の大きな部分を費やすわけだが、それとまったく同じように、去られた街区や避けられた小学校にとっても、かれらの転出は評価のさらなる下落というかたちで痛手となる。この「障壁」の乗り越えは出ていく者と残る者のどちらにとっても高くつく。そうした二重の弊害を避けて障壁を克服するにはどうすればよいのか。外国でこの点で多かれ少なかれうまくいったと見なされる手法あるいは革新であっても、まずは本格的な実験にかけてからでないと、フランスに適用するわけにはいかない。それでは、どんな提案が試してみるに値するだろうか。たとえばそれは、就学登録と安物住宅地帯を結びつけてしまう本物の「民族中学《エスニック》」が生まれることに反対する闘いをはじめることである。

こんな手法が想像できる。子どもの小中学校を選択できる裁量を家族に与えるために学区を拡張することで空間をてこにすると同時に、もっとも恵まれない学校で行われる教育の要件を大幅に改訂することで時間をもてこにする手法である。空間をてこにするとは、学区を拡張して、一見して異なる社会的また民族的背景の子どもたちが交わる小中学校を選べる本物の選択肢を提供することである。そのためには交通機関を使って通学の便を見直し改善する必要がある。時間をてこにするとは、生徒ごとに割かれる教育期間を調整して、親の所得水準やフランス滞在年数や結果として子どもに影を落とす多少なりとも深刻な文化ギャップに合わせることである。つまりこのやりかたは、ひとりの子ども、ひとつのクラス、ひとつの学校に必要な時間数を決定するのにそれらパラメータをもとに計算し、それを根拠にそれらの学校に配置する教員数を大幅に増やすのである。（ここでとりあげたのはオランダの手法で、地域《テリトワール》や「区域《ゾーン》」ではなく人間《ペルソンヌ》にもとづく計算によってなされる支援である。）

学区の拡張をてこにするだけでなく同時に各生徒にかける時間をもまたてこにするならば、選択の自由が特別な財政支出を要する人びとがとどまるのを許容するとしても、恵まれない街区の子どもたちを阻んできた学校生活の大きな障壁を小さくすることができ、子どもの家族にあまりにも高くつく引越しか諦めかという選択を迫らずにすむ。親はふたつの戦略を選択できるだろう。すなわち、社会的混合というカードを切って、子どもたちをむしろ中流階級の生徒が通う遠くの小中学校にやるか、さもなくばしっかりした教育というカードを切って、最寄りの学校にいかせるけれども交友関係の程度について明確な補償をえるか、である。第一の道は親に責任をもたせること〔有責化〕に価値をおくものであり、「学校はなんの役にも立たない」式の言説の宿命論を取り除くことを可能にする。第二の道は公平性原則に訴えて、もっとも難しい状況にある者たちにより多く与える。その結果として、よりよい教育にアクセスするために引越す必要はもはやなくなるだろう。そして、恵まれない生徒たちの学校が背負うハンディキャップは、実質的に配慮されるのだから、ほかよりも難しい生徒たちを教えなくてはならないことで被る損害という名目で主に教員に象徴的かつ金銭的に補償する理由でなくなるだろう。わたしたちは障壁を乗り越えることができるようになる……自分の場所にとどまりながら。

なぜなら、障壁に配慮し低くすることができるのは、出ていくと決めるのがたんなる拒絶反応からでなく、時宜をえたと思うがゆえ、なのだから。[17]

この有責化と公平の原則を雇用に適用することができるだろうか。恵まれない街区での雇用の均衡回復にかんして市街免税区域がどうなったか、わたしたちは知っている。市街免税区域は高くついた。つまり、この制度が区域内に雇用を生みだしたとき、ほとんどの場合に周辺地域での失業の増加と引き換えであった。街区から脱出する移動性と、残る者たちへのさらなる公平とを適切に実現するためには、他のどのような手法を提案できるだろうか。ここでも万事が実験の問題なのだが、二通りの道を進むことができる。第一の道は街区からの脱出を雇用で促すことである。これは公契約〔marchés publics 行政機関や自治体、公施設法人が公共土木工事や公共サーヴィスを行うために民間組織・企業と結ぶ各種の行政契約〕の出資者たちが、応募企業が恵まれない街区の若者たちを積極的に採用する意志を示すよう誘導することによって行われる。そのような求人とその有効性は、地方自治体当局と交わす仕様書にもとづいて、その企業の社会報告書〔bilan sociétal 社会的経済青年指導者・活動家センター（CJDES）が一九九六年に提唱した企業や協同組合、NPOなどの評価基準。環境とコミュニティの持続的開発、人権と民主主義、従業員の経営参加、情報公開などの社会的価値へのコミットメント、社会的責任を評価する。法定の労務関連報告書 bilan social とは異なる〕に公表し記載すればよい。

もうひとつ別の可能な手法は、ビル・クリントンが打ち出したアメリカのエンパワーメント・ゾーンのモデルから着想をえたものである。エンパワーメント・ゾーンがアメリカで免税区域の代替として効果をあげたのは、恵まれない街区を孤立させて考えるのではなく、その街区をふくむまとまりとして考えたからである。つまり、連邦政府の出資で職業訓練を受けた労働力を使うことに興味をもつ企業家を動員して、恵まれない街区を周囲の経済区域につなげることを模索したのである。もしこのとおりにことが進むならば、免税区域は、その免除措置やいつまで続くか不確かな特例的地位とともに消滅する。免税区域は、公共部門と民間部門へ、そして人間と経済へ同時になされる投資にとってかわられるのである(18)。

居住者たちの実現能力を高めること

都市再生というかたちで最近精力的に行われるようになった「住居対策」について非難すべきことはなにか。なにもない。たしかに、原則については。十五階建てや二十階建ての塔状住棟は、エレベーターが故障するだけで使いものにならなくなってしまうし、暇をもてあます若者の一団がホールにいるだけで暮らしがたちいかなくなってしまうのに、それが建築工学の不滅の創造物だなどということはできない。塔状住棟に住んでよかったと喜ぶ居住者をひとり見つけるまでに、多くのドアをノックして回らなくてはならない(19)。居住者のすべてあるいはほとんどがその種の建物を非難していうには、それでも多少は肯定的なものだった近隣関係の効果を消滅させてしまった。縦に積み重ねられているがゆえに、人びとは互いに無関心だし、階上や階下の他の居住者たちの存在に気づくとしても耳障りな騒音によってでしかない。塔状住棟が提供する共用空間は、最大限の定員にたいして可能なかぎりもっとも貧弱なものであって、そのぶんだけ出会いの険悪さや軋轢を増幅する。板状住棟は明らかにまだ我慢できる。なぜなら、出口が複数あるからであり、上と下だけでなく右にも左にも目をやるべきものがあるからであり、建物の中や周囲を歩きまわって、建物を自分のものだと感じることができるからである。それでも、そこでの集団生活は貧しいものであるのを余儀なくされる。集団生活は静かに崩れ落ちていく。「人びとは摑まりどころのない壁にしがみついているかのようだ[20]」。だからわたしたちは、都市再生にたいして原則的に敵意を抱くことができない。

それでは、居住者の側にこの事業にたいするかくも敵意ある反応が見られるのは、なぜか。極左グループにそそのかされた局限的な抗議運動のことをいっているのではない。極左グループはすかさずあらゆる不平不満を利用するが、団地の問題になんらかの解決を見つけるつもりはないのだから。異議申し立ての全国化のことはいわずにおくとしても、反乱がとくにイル゠ド゠フランスでは拡がっていて……全国都市再生機構の本部を占拠するところまできているように見える。このような動きのなかで居住者たちは、なにを非難しているのか。再生の原則だろうか。そうではない。再生のやりかたなのだ。議員の側からすれば、そのやりかたは次のような手順になっている。つまり、居住者たちに多くの建物の取り壊しプログラムを告知し、当該街区のなかか他の場所に一時的または長期的に住み替えするように提案する。そして建物を取り壊した後ではじめて、市町村がどんな種類の建物に建て替えようとしているのか告知する。所有権付与型か賃貸か。取り壊された建物の住人たちの手が届くかいなか。じっさいこのような再生は、ほとんどの場合に乱暴な「ブルドーザー」的な性格を帯びる。居住者たちはこう判断する。自分たちは、充分に情報を知らされず、充分に意見を求められず、ほとんどの場合に既成事実を突きつけられ、転居先が不確定なまま住んでいた場所を追われたのだ、と。

二〇〇三年に可決された都市再生法は、資金交付の必要条件として、居住者たちにたいする組織だった聴聞会を用意した。だがその手続きが充分に明文化されていない。都市再生法は、この点での要求水準の高さを誇示しているが、一九九九年にジョスパン内閣が推進したいわゆる都市再建事業よりもはるかに劣っている。迅速な執行という配慮が、行動の透明性を増すという明白な関心事に支えられて、問題の住民対話集会をほとんど無内容にしてしまった。全国都市再生機構の資金交付に応募する市町村に要求されるのは、完全に練られたプロジェクトをもっとも迅速に提出し、定期的に臨検してプログラムの執行にプレッシャーをかけ、協定で取り決めた期日を厳守することであるために、居住者との対話の場をもつための時間も裁量の余地ももはや残されていないのである。

都市再生事業に関与した地方議員や社会住宅供給管理業者を対象にした調査がわたしたちに教えてくれるのは、この住民参加の問題にかんするかれらの立場が興味深いかたちでふたつの極のまわりに集まっていった理由である。第一の極を構成する人びとは住民参加の推進にひじょうに関心があると口にするが、それというのもかれらにすれば、当該住民をいちじるしく不安定にする事業〔再生〕には住民参加がまったく必須だと思われるからだ。けれどもかれらがつけくわえていうには、〔全国都市再生〕機構が課す実施手順やスケジュールのことを考えると、こうした関心が正当な取り扱いを受けることはありえない。第二の極のまわりに集まる人びとは、機構にたしかにいくつか欠陥を見出すが、しかしそれは住民の参加についてではない……かれらがときどきつけくわえていうところによれば、機構が住民参加についてわずかな要求しかしないために、居住者たちが手続きから解放されるかぎり問題にはならない。というのも手続きは高くつくのみならず、行動の分かりやすさにとって無益なばかりか有害でさえあるのだから[21]。

じっさい居住者との対話なるものは一般にほとんど無駄である。目立たない広報。数回の集会。集会には市町村役場と顔馴染みのアソシアシオンの責任者たちがやってきて、議員たちと「居住者たち」との「出会い」の写真を何枚か撮る機会をつくり、その写真が小冊子に掲載されるようにする。けれどもその小冊子は市町村の決定事項以外はまったく無内容なのに、「街区の居住者の方がたのご意見を伺う」と大袈裟なタイトルがつけられる。こんなことで住民参加についての全国都市再生機構の期待を満たすに充分なのだ。というのも機構の関心は、意見を聴かれた居住者の人数よりも取り壊された住宅の戸数にあるのだから。

「ブルドーザー再生」、「つくられた住民参加」。まさにこれらの用語が、現代における最初の都市再生を特徴づけるのに用いられた。合衆国における五十年代の都市再生は苦い記憶を残し、あの国の都市と社会と人種の歴史のその後に重くのしかかった[22]。その「アーバン・リニューアル〔都市再開発〕」政策[23]は、インナーシティの「スラム化」とりわけ都市の庶民的街区の地価下落と闘う意欲のある市町村長に多額の連邦資金をもたらした。庶民的街区の地価下落の原因は、黒人が住み着くにつれて白人が街区を出て郊外《サバーブ》に移住し、ほどなく企業もそれにつづいたことにある。国でも地方でも政治目標は、中流階級の流出をくいとめ、都心の価値回復を図ることであった。そのために市町村長はプロジェクトを住宅都市開発省（ＨＵＤ）に提出した。そのプロジェクトでは、再生されるべき地域は少なくとも二十％のスラムを含んでいなくてはならなかったが、スラムに隣接する部分もスラムに近いせいで価値が下落したと見なされるがゆえに再生の対象となった。このような裁量のおかげで多くの市町村長は、黒人に占拠されたがスラム化していない街区を「回収」できるようになった。それら街区が大きく価値を失ったのは黒人が存在したせいだったのだから。こうしたことがらの結果として黒人がたどりついた街区は、都市のなかでひどく立地条件が悪く、居心地が悪く、ホワイトカラーを町から郊外《サバーブ》へと運ぶ高速道路に近いせいで不快な場所だった。しかもかれらが住むことになった社会住宅〔パブリック・ハウジング〔公営住宅〕〕もまた立地条件が悪く、安普請で、黒人専用のように見えた。こうして黒人は棄て置き（このときはじめてこの言葉が都市の歴史に出現した）の犠牲者となったのだ。北部の諸都市における六十年代の血なまぐさい黒人暴動は、棄て置きという空間的拒絶に、失業とならぶその主要な大義のひとつを見たのである。

ここで、わたしたちが二〇〇五年十一月に経験した一連の暴動が六十年代の合衆国の暴動と等価だといいたいのではない。わたしたちが経験した暴動は深刻さの点で及ばない。わたしたちにとって計算の単位は燃やされた自動車であって負傷者ではない。合衆国では負傷者が数千人にのぼったし、そのうえ死者も数十人をかぞえた。だが原因はといえば、たとえ強弱の差はあるとしても似たところがある。若者たち〔全員が「可視的マイノリティ」の構成員であって、ここではそのように理解される〕の嘆きの種である「統合不全」は、かれらにとっては失業や就職での人種差別で測られるが、それがかつてなく報道で検証され明確にされた。統合不全はまたしばしば、かれらが都市的なものや住宅の面で被る仕打ちをも意味した。すなわち、どこかにまとめて押し込められ、ときどき別の場所に移動させられるけれども、いずれにしても都市のなかに居場所をもてないという事態のこと、あるいは語源に忠実な意味で「操作」されること、すなわち物として、場所ふさぎな物として扱われるがゆえに撤去され、いちばん邪魔にならないところに——忘れてしまえるという意味で——片づけられてしまうという事態のことを意味した。

五十年代と六十年代のアメリカ人の「ブルドーザー再生」とその帰結である暴動を慎重に想起することに少なくとも期待できるのは、それらのことがらが政治の次元にもたらした変化に注意を向けられるようになることである。暴動のふたつの原因が就職での人種差別と再生事業への居住者の真の参加の欠如とにあったことから、アメリカ人はそのふたつの分野における行動のしかたを全面的に変更した。わたしたちが知っているアファーマティヴ・アクション政策は、まず雇用の面で慣行を改め、差別のたんなる禁止という域を超えて黒人の就職に有利な「積極的行動」に踏み込むことを可能にした。それよりはあまり知られていないけれども、都市政策と住宅政策を改革し参加民主主義の手法を用いることで、ゲットーの居住者たちを大学人や実業家といった外部の有識者と結びつけ、貧しい街区を再生する原動力たらしめたのであった。この取り組みが合衆国において暴動の減少と都市の危機の解決に重要であったことを、わたしたちは見過ごしてきた。エンパワーメント——この言葉は「実現能力を高めること」と翻訳できる——を旗印に掲げるこの住民参加の取り組みは、合衆国における社会・都市政策に不可欠な地歩を占めるにいたった。

わたしたちがいわゆる「最近の移民に由来する」住民の統合不全の問題を抱えており、その問題を解決するにはわたしたちのモデルは、その長所がどうであれ、充分でなかったと認めなくてはならないとわかっている以上、どうして他国に存在する対応策を知らずにすませるだろうか。それが解決の切り札でないとしても着想の源泉を提供してくれるというのに。それを無視する権利は、わたしたちにはもはやないのである[24]。

とするならば、都市連帯再建法とその後のボルロー法〔都市再生法〕が推進した都市再生事業を利用して、居住者たちの実現能力を現状よりも低めるのでなく逆に高めることが、なぜできないだろうか。「実現能力」とは、人びとが個人的にも集団的にも自分たちの生活の流れを支配できる力のことだと理解しておこう。都市再生をして、都市のなかで人びとの生活と街区にたいする力能を大きくするための手段たらしめること。この目標はフランスでは以下の問いを提起する。第一の問いは、そのような取り組みの哲学自体にかかわる。第二の問いは、「街《カル》区《チエ》」というものの定義、また街区の都市における地位の定義にかかわる。そして最後の問いは、このような狙いに応えることのできる住民参加の方式にかかわる。

なんらかの住民参加の手法について、それが人びとの生活にたいする力能を大きくすると期待することに、意味があるだろうか。肯定的な答えが当たり前に見るだけに、この疑問は場違いに見えるかもしれない。わたしたちが暮らしているのはフランスであって、西洋諸国のひとつであるこの国は、住民参加を最大限に重んじ、尊び、促し、命じてきた。しかしながら、わたしたちはまた、住民参加についてもっとも多く語りながらもっとも少なく実践してきた国民でもある。[25] もっと悪いことには、わたしたちは、住民参加を本質的には決定を受け入れさせるための手段と見なしてきたのであって、政策行動の内容と効果を改善する手段と見なしたことがほとんどなく、生活に追われる人たちが自尊感情を高め自分の生活にたいする力能を大きくする手段と見なしたことが事実上まったくないのである。現行の都市再生事業の枠組みにおける住民参加の役割についてわたしたちが実施した調査（すでに引用した）から得た、議員や住宅供給管理業者の住民参加への動機の一覧表によれば、かれらの動機は、住民参加にたいし、人びとを活性化するというよりは鎮静化する機能を割当てることにつきる。かれらが〔全国都市再生〕機構に認可される前に再生の決定を居住者たちに語るのを避けるのは、拙速に告知して不確かな風説がたつのを恐れるからである。ひとたび決定が採択されても、その決定は大方針にしかならない。実施工程表は長いのだから。そこでやるべきことは、再生の対象街区の居住者たちを特定グループ（商店主、若者……）向けのテーマ別集会をつうじて住民参加させること、改良工事でさしあたりどこがよくなるのか専門家の引率で見学するツアーを組織すること、市町村役場の職員の指導のもと居住者からなる編集委員会が発行する雑誌を実現させること、取り壊されるまでの街区の生活を顕彰する取り壊し記念事業を準備することである……。このような鎮静化機能のすべては明らかに、アーヴィング・ゴフマンが「かもをなだめる」技術と呼んだことがらに属する[26]〔詐欺師が賭場でかもをその気にさせて金を巻き上げたあと、騙されたと気づいたかもに警察沙汰にされないように「この程度の負けはむしろ幸運だ。おまえはうまくやった」ないど体面を保たせ状況を受け入れさせる手練手管のこと。このモデルを一般化して、期待の水準に届かなない現実へのさまざまな適応様式を記述することができる」。

住民参加に割当てられたこのような鎮静化機能が問題なのは、たとえそれが再生事業でずっと以前からほとんどいつも採用されてきたように見えるとしても、おそらく住民参加の最小限ヴァージョンだということである。だが、だからといって、わたしたちの住民参加にたいする少なくとも理論的な執着が帳消しになるわけではない。それにしても、いったいなぜわたしたちは住民参加について、ほとんど実質のない実践を土台にして、かくも理論的な畏敬の念を示すのだろうか。このパラドクスを説明するには、思い切った住民参加の手法を実践するのにもっとも熱心な議員の話に耳を傾けなくてはならない。かれらを駆り立てるものはなにか。かれらの言を信じるならば、居住者の全体を考慮に入れ、自分に投票してくれた有権者だけを代表して行動するかのように見られないようにする配慮である。その結果として、かれらは集会を何度も開き、政策行動にかかわるあらゆる職業団体や社会階層、再生事業の影響を受けるあらゆる居住者から意見を聴くことになる。かれらはそのような作業に疲れはて、しまいには作業に限界を感じると口にすることがしばしばなのだ。どのような限界か。自己主張するさまざまな立場のあいだの不調和に起因する限界である。この不調和が明らかにするのは、大半のとはいわないまでも一定数の人びとの視野の狭さであり、一般利益よりも私的利益が優越することである。したがって、市民性をありのままの姿で、つまり荒れ狂った公開討論で台無しになる前の姿で、不偏不党の表現方法によって摑まえるという希望は虚しいものだと、たちまち明らかになる。それはたしかに気高い夢想であるが実現不可能なのだ。なぜなら私的利益はつねに一般利益に勝ろうとするのだから。

コンセンサスにもとづく意志を現出させたいという欲求、そしてその夢を実現することの不可能性。これが、わたしたちが住民参加にたいし、理論においてかくも高い価値を与える理由であり、かつ実践において実現するのに失敗する理由である。しかしながら、なぜ住民参加にかくも困難でかくも失敗を運命づけられた任務を与えるのか。ここでわたしたちの社会＝政治的な伝統の重みを介在させなくてはならない。わたしたちが全員一致の意見、もっといえば全員一致の意志を表すために不偏不党の表現形態を頼みとするのは、そのような意志の存在を前提にしているからである。国家の土台には、隠されてはいるが公共行動に必要な基礎として機能する一般意志のようななにものかが存在するのであろう。なぜか。なぜなら、ジャン＝ジャック・ルソーがそういったからであり、この観念が共和国創建の父たちに及ぼした影響からわたしたちがいまだ立ち直っていないからである。というのも、この一般意志は、わたしたちの人民主権についての考えかたを規定する必然的要件をなしているが、それと同じくらい誰の目にも見出しがたいものだと判明しているのだから。だから、公共行動を基礎づけるためには一般意志に代わる信頼のおける代替物を見つけなくてはならなかった。これが一般利益という概念の背負った運命の理由である。一般利益が一般意志の国家的等価物をなすのだ。一般意志が主権者である諸個人の意志が全員一致で収斂した帰結でなくてはならないのであれば、そのぶんだけ一般利益はひとつの中央集権的ヴィジョンをさまざまな特殊利益に押しつけた産物となるだろう。公共行動を基礎づけるのは、もはや諸個人の全員一致ではなくて、諸個人の必然的に矛盾しあう卑小な利害につき従うことの中央集権的な拒絶なのである。

けれども、一般意志の名において語りその言葉に同意しない人びとの首をはねた恐怖政治の面々と同じく党派的で恣意的に見えないかと恐れることなく、だれが一般利益を表明できるだろうか。ただひとつの人種だけが、そのような推定における無謬性、私的利益と党派性からの想像における超越を示すことができる。それは社会のさまざまな争点にかんする学問的知識と技術的統制力を拠り所とする人種、すなわちテクノクラートである。テクノクラートの公共行動の確実さは、周知の専門能力に由来する。だがもっと深いところでは、ひとつの選択を可能なかぎり異論の余地のないものとして課すために、一般意志の等価物を我がものとする必要に由来する。学問的専門能力に支えられるがゆえに一般利益は、一般意志以上に、行動のための正当な根拠を意のままに用いるのを可能にする。けれどもそれと引き換えに、一般利益が志向する方向性と市民たちの意志表現との乖離が拡がるのである。市民たちとしては、一般利益の名において行われるいかなる意思決定も、自分たち一人ひとりの譲渡不能な主権の否定と受けとらないわけにはいかない。ここから住民参加のテーマに訴える強迫観念が生じ、市民たちはテクノクラートの意思決定に欠ける政治的な魂の補完をつけくわえるよう要求するだろう。同じくここから生じる、各人の意志という名の願望に必要な表現（尊重すべき）とかれらの私的利益（信用するわけにはいかない）とのあいだの往復運動は、永遠に期待外れなのである。

わたしたちはこう問いを問いたい。どのような条件のもとでなら、都市再生事業を、あの不安をではなく居住者たちの力能を大きくする原動力にすることができるだろうか、と。不安を抑制するのなら、活性化というよりは「鎮静化」する住民参加でよかったのだが。はっきりわかるのは、わたしたちの公共行動における住民参加の地位がまさに問題だということだ。住民参加を、テクノクラートの意思決定を疑似民主主義的に正当化するひとつのやりかたと捉えるにとどまるかぎり、住民参加が住民の実現能力を高めることはけっしてない。しかも意思決定のテクノクラシー的本質が一般利益の定義による威圧性に依拠するだけに、住民の実現能力を高めるという任務はほとんど達成不能に思える。けれども、この任務は、一般利益の観念を共通善の観念で相対化できれば現実味を帯びてくる。なぜなら共通善はさまざまな個人的利益を結びつけるのであって、それら個人的利益と対立はしないからだ。一般利益がテクノクラートによって同定されるのと違い、共通善は、政策行動にかかわる多様なグループの利害をそれらの共通部分で関係づける手続きをつうじて、それら各グループにとってあれこれの選択肢の利点と欠点を同定することをつうじて、そしてその結果はじまる交渉（最終的には政治責任者が仲裁する）の働きをつうじて獲得される。住民がその交渉のテーブルに着き、利害関係者（ステイクホルダーとアメリカ人は呼ぶ）が手続きに関与できる場合にのみ、住民参加はその名にふさわしいものとなる。

共通善を追求する手続きをテクノクラートによる一般利益の定義に対置すれば、原則では満足がいくように見えるかもしれないが、しかしただちに問題が展開して、都市再生についてわたしたちが問いたかった第二の問いがもちあがってくる。すなわち、当該事業にかかわるのが正当なアクターの妥当な範囲をどのように定義すべきか。この問いを問うことは、あの私的利益のパンドラの箱を開けることにならないだろうか。私的利益は解き放つよりは結びつけるべきものなのだ。取り壊し予定の建物の居住者たちは意見を求められると全員が、同じ街区にとどまって今より快適な住宅に住めるのならぜひ住み替えたいと述べる。だが、街を変えないのなら、かくも費用のかかる事業をやってなんになるのか、と議員たちはいう。都市再生があの社会的混合を創出しないとすれば、なんの役に立つのか。社会的混合こそが、都市再生を正当化し、問題街区の居住者たちにかかわる社会問題のすべてあるいはほとんどを解決するというのに。それに、だれが決定するのか。議員か、居住者か。市町村長を選んだ場合、かれらの多くは、責任を担うためにあらゆる面倒の源である居住者たちに意見を求める義務という考えに狼狽して叫び声をあげるが、他方で最終的にはそうした義務を厄介払いする機会を摑まえる！この矛盾にたいし、緊急性というものが幸いにも——そういえるとして——解決をもたらすのだ。なぜなら緊急性は最小限の聴聞にアリバイを与えるのだから。

一番の関係者である居住者たちの伸縮自在の立場と、議論をはじめる前に終わらせるのを議員に許す事業の緊急性との矛盾を「上方へ脱出する」のは不可能だろうか。諸外国の多様な手法を挙げることができる。たとえばイギリスのハウジング・アソシエーション〔住宅協会〕や、もっといえばアメリカのコミュニティ・デヴェロップメント・コーポレーション（CDC）〔コミュニティ開発公社〕である。これらは街区の居住者たちと市町村の交渉が妥結にいたるのを支援するものである。コミュニティ・デヴェロップメント・コーポレーションというアソシアシオンは、理事会の過半数を再生プロジェクトにかかわる街区の住人で構成しなくてはならない。再生プロジェクトについてこのアソシアシオンがイニシアティヴをもつのは、計画立案《プランニング》の準権利を市町村から認められているからだが、ただしアソシアシオンが再生にたいして実行すべきと提案する事業案が都市全体にかかる再生プロジェクトと両立することが条件とされる。このような裁量は、アメリカの大都市における庶民的街区のごく特殊な歴史によって成立した。大部分の白人居住者が郊外《サバーブ》へと逃げ出したために見捨てられたインナーシティには、民族マイノリティが住み着いた。すると、雇用の欠如や市町村税収の不足や連邦政府の撤退や民間投資家の無関心のゆえに、インナーシティは物理的に荒廃するだけでなく道徳的に解体してしまった。このような放棄の積み重なりこそが、居住者たちに抜きん出た地位が与えられたことを説明する。つまり住民のために誰もなにもできず、する気もないとしても、それでも解決法がひとつ残されている。すなわち住民のイニシアティヴ能力に訴えかけることである。

フランスの都市における恵まれない市街区域が呈する様相は、合衆国でコミュニティ・ディヴェロップメント・コーポレーションの登場そして成功――少なくとも相対的な――の理由となった様相と同じほど絶望的だということはけっしてない。しかしながらコミュニティ・ディヴェロップメント・コーポレーションは、上からの権力を正当化するのではなく――あるいは、するだけでなく――下からの力能〔権力〕を増大させるための住民参加の手法を模索する者にとって、実現可能な着想の源を具現している。そこでわたしたちが思い描くのは、フランスに地域ごとに都市再生の地方《ローカル》機関を創設して、市町村のイニシアティヴを、イニシアティヴに直接かかわる街区居住者たちやその街区の変化に影響される周辺市街地の居住者たちと対質させることである。議員の権力が、取り壊しと決まった建物の居住者たちの見せかけの住民参加で多少とも「鎮静化」された懸念と対立する代わりに、事業のあらゆる利害関係者が同じひとつのテーブルに会することになるだろう。ひとつのテーブルというものに似つかわしいのは共通善の追求であって、一般利益と特殊利益の作られた対立ではない。

新たな手続きを、その哲学とそれを組織化する実現可能な枠組みを規定したうえで提案することは、その新たな手続きを思い描けるようにするということであって、実験してみることではない。そのためにはさらに、そのような哲学を現実化し枠組みを機能させる実践的方法を素描する必要がある。街区の代表が行動の中心となるべき部分においても、行動の環境をなす部分においても同様に実質的なものになるようにするには、どうすればよいのか。取り壊し／建て替えの決まった建物の居住者は、たしかに配慮されるべきだが、しかしかれらはかれら自身しか代表しない。同様に議員は、まさに市町村全体を代表するのであって、市町村以外のなにものも代表しない！　よき民主主義においては人びとの言葉が、取り壊される建物の居住者の純粋に反発的な言葉や、異論の余地がない場合でさえつねに選挙目当てを疑われる議員の言葉を越える境位というものが存在するのであって、最終的な意思決定はそこに立ち戻るのでなくてはならない。そのような媒介的境位が街区《カルチエ》なのである。これでは大発見にならないとひとはいうだろう。なぜなら街区のテーマはすでに、都市政策そのもののおかげで都市の古い過去から息を吹き返していたのであって、五十年代と六十年代の機能的都市計画の弊害に反撃する手段において理想化されてきたのだから。そして結果は期待の高さにほとんど届かなかった。結果がじっさいに届いたのは、そのころ街区を用いた純粋に修辞的な用法の高みであった。

街区《カルチエ》は生産されなければ存在しない。街区とは、言葉で呼びおこすものではなく、材料に手を加えて製造するものなのである。この分野についてアメリカ人は、とりわけ五十年代の都市再生が生んだ災厄以来、専門家である。かれらは、コミュニティ・ビルダーというこの目的のために訓練された専門家を頼みとして街区を生みだすすべを知っている。コミュニティ・ビルダーは、わたしたちのいわゆる「都市の社会的開発」のプロジェクト・リーダーのように、国の要求に従って活動内容を提出するのを受け入れたアソシアシオンに資金を配分する係ではない。かれらは以下のことがらを任務とする人びとである。すなわち、街区における社会的・民族的な構成要素とアソシアシオンや宗教の勢力とを同定し、住民を団結させる問題と対立させる問題とを見定めること。ついで、ひとつのイニシアティヴのもとに住民を結集させ、住民相互の寛容を第一に、そして一定数の共通目標を第二に推し広めること。そして住民を結集させて、部外者だけれども道徳的・知的・経済的な視点から街区に興味をもつ人びとに結びつけること。ようするにこの仕事は、オリヴィエ・モンジャン〔Olivier Mongin（1951- ）フランスの評論家、哲学者。一九八八年より雑誌『エスプリ』編集主幹。著書に『ポール・リクールの哲学』久米博訳、新曜社、二〇〇〇年〕が喚起するように都市というものが、同時に開いていても閉じてもいるべきものであって、保護だけでなく開かれをも提供すべきもの、つまり入ることも出ることもできる可能性や、同胞のもとにありかつ他者と結びつく可能性を提供すべきものであるかぎりにおい[27]て、社会建築家や都市生活プロモーターの仕事なのだ。

街区《カルチエ》という水準を構築する能力はアメリカの専売特許ではない。ヨーロッパではオランダやドイツやイギリスで類似の手法が実践されている。それらは合衆国ほどに体系的ではないが、フランスのわずかな実践例よりもはるかに実質的である！　オランダでは、ほとんどの場合に移民が住む都心の修復は、一回限りの形式的な聴聞会ではなく、街区の居住者代表と専門家と議員が定期的に交わる常設の対話集会に基礎をおいている。取り壊して建て替えるのがよいか、それとも建物を修復するだけがよいか決定を下し、また建てる住宅や据えつける設備の型を選択するのは、ほとんどの場合に居住者である。この再生は、いくつかの都心街区のジェントリフィケーションをともなったが、それは生きられたジェントリフィケーションであって、移民を白人でおきかえたり完璧無比な混合であったりするのではなく、混交を課さずに住民たちを近づけることのできる可能性をもたらした。かくして同じひとつの場所〔広場〕のあちらこちらに、移民のために再生された団地と、そして他方に中流階級が戻ってくるように改修された一戸建て家屋群を見出すことができる。広場とは、ふたつのグループの子どもや家族が共通のものとして利用するものなのだ……たとえ小学校があからさまに区別されたままだとしても。[28]

ドイツでは「社会的都市 Soziale Stadt」プログラムの土台は、街区の居住者アソシアシオンに多額の資金を供与することにあり、それらアソシアシオンが資金のためにプロジェクトを練り上げることができるようにする。都市再生には、この「社会的都市」プログラム予算の大部分が注ぎこまれる。意思決定のメカニズムは、議員や社会住宅供給管理業者や居住者や商店主や〔公共〕サーヴィスの職員といったあらゆる関係者が代表（集会の目的によって構成が変わるが）をもつ月例フォーラムを経るかたちをとる。いかなる意思決定もコンセンサスにもとづかなくてはならない。このことが意味するのは、居住者たちは自分たちに不都合な行動に拒否権をもつということであり、また……コンセンサスが必要であるがゆえに共通善を実現するために妥協する技術を習得しなくてはならないということである。[29]

都市を民主化するために再結集すること[30]

都市政策の分野でひそかに支配的になった「遠隔統治」の手法について、非難すべきことはなにか[31]。たしかに手法の原則ではない。この原則を、地方的《ローカル》なものへの国の直接介入を減らし地域《ローカル》アクターの力をいっそう動員することだと解するならば。原則的にいって民主主義がうまくいくのは、意思決定する水準を決定の宛て先の水準に近づけて両者を対質させられるときだけである。ルノー・エプスタンが「都市的なものによる社会の近代化[32]」の時代を描きだすのに用いた「地方的なものの中央集権的統治」の手法は、議員が万古不易の地方的フランスの名士として振舞えるかぎりにおいてのみ正当化される。今やそのようなことはまったく不可能だ。なにしろ、いまや市町村長は正真正銘自分の都市のマネージャーを自認し、有能なスタッフを抱えているぐらいなのだから。都市政策の名と結びつけられてきた契約による統治という第二の手法が消滅しつつあることもまた惜しむべきとは思えない。約束を守れなかったのだから。たしかにこの手法は当初、市町村執行部と国の地方部局のあいだに「相互尋問」を働かせるという強力な理念に支えられていた。そのように双方の当事者の診断を対質させるならば、精神において国の政策の期待に適いかつ議員により案出され担われるプロジェクトが生まれるはずであった。だがしだいに明らかになったのは、国の地方部局は地域を診断する真の能力がなく、まして原案や対案を用意する能力はさらにないのであり、逆に議員は地域を走りまわる職業柄その地域のあらゆる秘密に通じているという違いであった。

このことは次のように理解できる。つまり、国の役人の仕事は、政府の期待を伝達することであって、地方的なものについての知識を開拓することではない。かれらはそのための道具を与えられていないし、もし仮に道具を与えられるとすれば、議員たちと合作関係というよりはむしろ危険な競合関係に陥るであろう。なぜなら、この「創造的」任務が役人の監督権限につけくわわると、かれら役人は、議員が新たな職務を遂行するにあたって議員と宿命的な対立関係におかれるか、あるいは議員にとって端的にまったく不要に見えることになるのだから。国のさまざまな分野の部局の知識を総合してそれを地方議員との交渉で有効活用できる役割だと、いっとき目された都市担当副知事は、しかし、たちまちのうちに、田舎にいるという意味で都市駐在副知事になってしまった。つまり儀式で国を代表したり国からの公式な要請を喚起したりするのにはよいが、しかしプロジェクトを合作する立場には絶対に立てないのである。

したがって「遠隔統治」の手法が支配的になったのは、その経済性によってであって、つまりはるかに効率的だと推定されたからであった。この手法は、実行手段をも契約から切り離し、地方的なものにたいする責任をただ議員にのみ帰責する。こうしたことがら全体は、近年、分権化第二法が自治を拡大したのに比例して進んだ。同じ割合で政府の裁量も増大した。なぜなら政府は、議員を方向づける手段、すなわちミシェル・フーコーの定式によれば、かれら議員の「振舞いを導く」手段を手に入れたのだから。この定式が意味するのはまさに直接には強制しない統制の一形態であり、主体の自由を禁止して打ち消すのではなく、むしろその自由をてこにして統制するのである。したがって、このような議員たちの「振舞いの導き」はさまざまな条件のついた賞罰の体系をつうじて行われる。こうしたことがら全体には、恵まれない区域に実施された政策の成果を数値で追跡するのを専門とする観測機関が利用される。かくして国が地方的なものを監督する権限は、議員の行動の効果を観測してえた精密な知識によってその行動を評価する権限になった。このようなことがらは、国の監督権限から地方的なものについて合作する審級を作ろうとした以前の試みよりも限りなく適切に見える。

では、以前の手法よりはるかに優れて効率的な——少なくとも紙のうえでは——この手法について、非難すべきことはなにか。あるとすれば……立法者の期待を満足に満たせない無能力である。都市連帯再建法は、社会住宅建設にかかわる部分についていえば、量の面で、まして質の面ではさらに貧弱な成績しかおさめていない。つまり貧困の集中緩和に真剣に貢献するという面で貧弱な成績しかおさめていないのだ。都市的市町村に要求される、社会住宅で二十%という有名な条項は、社会住宅の不足や欠陥が明らかになるたびに議論を呼びおこす。二〇〇五年にパリを襲った火災のときのように。この火災で、民族マイノリティだが、とはいえ完全なフランス国籍をもつ人びとが占拠していた二軒の建物が焼失し、子どもをふくむ多数の犠牲者を出した〔二〇〇五年八月二十六日未明に第十三区にある老朽化したアパートから原因不明の出火があり、死者十七人（うち子ども十四人）を出した。この建物は貧困者用宿泊施設で百人以上が超過密状態で暮らしていた。また同月二十九日深夜にパリ市中心部第三区のマレ地区で同じく老朽化したアパートから原因不明の出火があり、死者七人（うち子ども四人）を出した。この建物は改修作業のため閉鎖中であったが、アフリカ系家族たちが不法占拠していた。この前後に、四月にも九月にもパリ市内で同様の放火の疑いがある火災が発生し、多数の死者を出している。いずれのケースでも犠牲者はアフリカ系であった。これら火災をきっかけとした不法占拠取締り強化が同年十一月の大暴動の遠因のひとつと考えられている〕。あるいはまた「十一月の夜」にさいして。この出来事が強調したのは、住民の過半数が適正家賃住宅に暮らす市町村に民族マイノリティが大規模に集中するいっぽうで、多くの近隣市町村には事実上民族マイノリティがいないということだった。

都市再生にかんするボルロー法が創設した全国都市再生機構はといえば、この機構はもっとも敏速な者の役に立つけれども、もっとも敏速というのはかならずしももっとも困窮しているということではないし、また資金を右派市町村と左派市町村のあいだで公平に分配しているとはほとんどいえない。最近の調査が示すところでは、資金を交付された市町村の六五―七十％が右派に立っている。しかも右派市町村が社会住宅を高率で有する影響をほとんど免れていると知ると（この点について一定の均衡が回復される傾向があるとしても）二重に衝撃的である。現場責任者たちは、ボルロー法は広い合意をえて可決されたときに告示されたようには当該住民の状況を改善する手段としてほとんど通用しないと気づきはじめている。都市再生の実施作業は乱暴に映るがゆえに、もっとも貧しい者やマイノリティたちにたいしその是非はともかく次のように告げるメッセージを差し向けているように見えるのだ。「あなたたちはこの市町村にあまり好ましくない」がゆえに市町村は都市再生に取り組むのであって、つまり、あなたたちの住む建物といっしょにあなたたちも消してしまいたい、いってみれば別の事業にかこつけてひとつの事業を実現したいのだ、と。このようにして、少なくとも恨みがイル＝ド＝フランスで嵩じており、そしてときに怒りに変わるのである。

かくも有望視された統治方式が相対的に無能力なのはなぜか。あらゆる市町村会議員が選挙区の狭い期待を第一にものを考えるからだ。どれほど多くの市町村長が社会住宅の不足（社会住宅と呼ぶ範囲をきわめて広くとるとしても）について定められた罰金を支払うほうを選ぶことか……この件で受ける陳情の脅威のことを考慮し、選挙で負けるリスクを冒すぐらいなら！　どれほど多くの議員が「都市再生法」を利用するにさいして、団地の居住者たちにではなく、住居を求めて市町村の遠くに去ったが職場はまだその市町村にある中流階級にしか関心をもたずにいることか。だから、取り壊し予定の建物に二、三世代にわたって暮らしてきた移民を適切に住み替えさせる課題を、近隣の議員たちとの仮定だらけの合意に委ねてあいまいにしてしまうのだ。こうした偏狭な選挙至上主義は一見したところ不可避である。けれども、とひとはいうだろう。そうであるからこそ、いわゆるシュヴェーヌマン法をもって、裕福な市町村と貧乏な市町村とが事業税財源を分かちあい、そして両者のあいだで社会住宅をよりよく割り振るべく団結するように、同じ都市圏に属する市町村に強く奨励する手法を可決したのだ、と。事業税〔taxe professionnelle（TP）なんらかの職業を営業する自然人または法人にたいし、その事業用固定資産をベースに課税する地方税〕は空間的にも社会的にも不平等に分配される税金である。事業税をよりよく割り振れば、「社会的アパルトヘイト」と闘うことが、したがって都市政策の目標をよりよく実現することが可能になる。市町村が市町村連合の定式に同意すれば、それによって創設される市町村間協力公施設法人（ＥＰＣＩ）には多くの特典が見返りに与えられる。通常なら州議会と県議会に付与される財源がそれら公施設法人に譲渡されるのだ。一例を挙げれば石への援助〔建築助成〕は、ボルロー法以外で、市町村が域内の不動産総量に働きかけるために自由にできる唯一の手段である。

そうであるならば、市町村連合にかんする立法には、このたびのシュヴェーヌマン法には、効果がないのだろうか。そんなことはまったくない！　この法律ははっきりと成功をおさめた。公布から五年後にはすばらしい成果をあげていることを調査が示している。八〇〇を越える市町村連合グループが成立したのだ。けれども、この成功は、当初目的の達成というよりは「ピュロスの勝利」に属するものである[33]〔払った犠牲が勝ち取ったものと釣り合わない割に合わない勝利のこと。戦術の天才として知られる古代ギリシャのエペイロス王ピュロスの故事にちなむ〕。フィリップ・エステブとマガリ・タランディエによるシュヴェーヌマン法運用の分析が示すところによれば、この法律はふたつのタイプの市町村連合を生みだした。類似による連帯（歴史上の最初の連帯で、帰属の同一性にもとづく）と有機的連帯（産業時代に対応し、社会的分業という事実が人びとのあいだに生みだす相互依存に対応する）というデュルケームの区別に手をくわえてふたりが確認したのは、このふたつのタイプの論理が市町村間協力公施設法人を創設するのに大きな影響を及ぼしており、そしてそのたびに公平性原則を相対的に毀損しているということである。

有機的連帯型に相当する市町村間協力公施設法人は、ひとつの中心市町村とそれを直にとりまく隣接市町村からなる。いくつかの市町村は富裕人口が支配的であるが、他の市町村はむしろ貧困人口が支配的であって、一方は事業税がほとんど使えず、他方は相対的にその財源に恵まれている。そこで立法者が望むのは、裕福な市町村と貧乏な市町村のあいだの、金持ちの市町村と貧民の市町村のあいだの富の分かちあいではないのか。そのとおり。けれどもそれは、フィリップ・エステブが指摘したことがらを除いて、の話である。つまりこういうことだ。事業税の潤沢な市町村はまたほとんどの場合に住民の大部分が適正家賃住宅に暮らす貧民の市町村でもある。他方で事業税の乏しい市町村は富裕階級向け住宅地の市町村なのである。したがって事業税という富の分かちあいは、事業税の潤沢な貧民の市町村の税収を用いて中流階級の市町村のサーヴィスに資金提供することに、つまり周辺市町村の住宅供給戦略に補助金をだすことに帰着する。[34]これはすなわち外郊外化にたいする一種のボーナスであって、それが〔公共〕サーヴィスの面でどれだけ余計な費用を生んでいるかは周知のことである。別のいいかたをすれば、市町村間の再分配は、事業税にかかわっても家計税制にかかわらないのなら、公平をいっそう拡大する保障にはけっしてならないのだ。

だがさらなる懸念の種が存在する。それは、都市圏の二番目のベルト地帯に、クラブ論理で市町村を集める市町村間協力公施設法人の諸形態が出現したことである。ふたりの著者は、そのようなクラブのなかでも「金ぴか」クラブを特別視する。この類似による連帯型は貧しい市町村と妥協するのを避けることをあからさまな目的とする。貧しい市町村との妥協は、たとえ環境の名目での議論だとしても、自分たちの地価の下落をともないかねないというのだ。年金生活者が重きをなす「黄金世代」クラブが、市町村の内輪への退却のもうひとつ形態をなす。そこでの関心は、騒がしい子どもをもつ現役世代を受け入れるのを避け……そして子どもにつきものの〔公共〕サーヴィスのコストを避けることである。

都市圏連帯の分野での市町村連合にかんする法律の以上のような失敗からどのような教訓を引きだせばよいだろうか。上述の事実確認から出発して相対立するふたつの方向に行動を方向づけることができる。ひとつは、裕福な市町村と貧乏な市町村のあいだに打ち立てられた「損得ずく」戦略の君臨を、そのような手段では地域間の不平等に対処できないことのしるしだと評価することである。その場合、一種の純粋な国家介入に回帰したくなるだろう。とすれば、地域《テリトワール》のゾーニングだけを支えに積極主義的行動に訴えようと試みることになる。反対に、次のような評価も可能だ。つまり、市町村間の不平等を小さくすることを目指した法律が不平等を強化するのに帰着したのは、宿命的なまでにこの法律が市町村レベル固有の影響力を削がず、重きをおきすぎたからであって、したがって破綻したと判明したのは法律のまさしく使いかたなのだ、と。この場合には、法律の使いかたを改善すればよいのである。以上のふたつのうち第一のオプションは、「遠隔統治」方式への進化がもたらした権力の節約に背馳するように見える。第一のオプションは、権力行使にとりあまりに「割高」で、あまりに重い手段と見なされた形式に回帰することになるがゆえに、都市問題にかんして地域の議員たちに効果的に責任を担わせることができない。第二のオプションについていえば、このオプションが想定するのは、市町村の利己主義がいわゆるシュヴェーヌマン法をつうじて時代錯誤的な効果を生むと明らかになったのだから、その市町村の利己主義を抑制するのを可能にする民主主義の進歩を実現することである。

市町村間協力公施設法人にかんする法律〔シュヴェーヌマン法〕が相対的に期待外れなのだから、したがって普通選挙で選ばれる都市圏議会を創設して、貧困の過剰集中やスプロールや高級都心の地価高騰に対応することを真剣に検討しなくてはならない。地価高騰にともなう高級都心の「買い煽り」は、ジェントリフィケーションのプロセスによるものであり、ある閾をこえると自己亢進していく。ようするに都市圏 agglomération という政治的審級を「三重構造の都市」に対抗する手段にしなくてはならないのだ。地理学者のジャック・レヴィ〔Jacques Lévy（1952- ）スイス連邦工科大学ローザンヌ校正教授。著書に *L'Espace légitime*, Paris, Presses de Sciences Po, 1994〕がいうように、都市の民主主義がまさしく「民主主義のもっとも弱い環」であるなら、それを手当てするのにもっとも素直なやりかたをもってしようではないか。すなわち、実在における都市つまり都市圏をもって、市町村群を包括しその上位に位置しさえする民主主義の完全な権利をもった一個の実体に仕立てあげることによって。

とはいえ、市町村を廃止したり否定したりするのではない。それでは民主主義の視点からいって一方で得たものを他方で失うことになるのだから。それでは地域的《ローカル》なものの意味を見失うことになるだろう。なぜなら都市圏は、もっぱらグローバルなものの表れ、すなわちグローバリゼーションの固有領域の表れとして経験されることが多すぎるぐらいなのだから。このような観察がすでにわたしたちに注意を喚起しているように、都市が民主主義のもっとも弱い環であるのは、都市が他の区画と同じような区画ではない、つまり県や州のような明確に画定された一片の国土《テリトワール》、すなわち国家がその行政の都合のために定義した実体ではないからなのである。

都市が境界として働く壁によってもはや区画されない以上、都市圏の実質的領域をどのように定義すればよいのか。もちろん、都市で働く人びとつまり都市に依存する人びとに占拠され、衛星都市として都市化した周辺市町村を考慮に入れればよいのである。だが、どこまで？　人びとが近くの都市から逃れて別の社会的帰属関係を生きようと住み着いたがゆえに、雇用や余暇を明らかに都市に頼っているわけではない市町村については、どうするべきなのか。村落的市町村の「乱開発」――田園風景を破壊したけれども、「自然のなかに」住み着く幸せを家族たちに提供した――については、どうするべきなのか。その目的が都市の弊害から逃れ、都市からその利点だけをとるためであって、そのために必然的に発生する交通輸送インフラストラクチャー拡大の費用を自治体の集合に、つまり都市に支払わせることになるのだとすれば。そして、イル＝ド＝フランスやニースからマルセイユまで途切れなく都市化した地中海沿岸のような都市的現象を「結集 **agglomérer**」するには、どうするべきなのか。

アメリカ人がこれらの問題に与えた回答には民主主義的な率直さという長所がある。だが、ただそれだけだ。その回答が考えるところによれば、主権の所在は諸個人であって地域《テリトワール》ではないのだから、その所在地は居住者たちの意思決定に従って、そして都市領域が拡大するにつれて構成されたり解消されたりする。居住者たちは中心都市に併合されるか、それともいわゆる法人設立《インコーポレーション》の手続きをとって新しい独自の市町村を形成するか投票で意思決定する。中心都市の街区の居住者たちもまた選択権を奪われてはいない。市町村に公平に取り扱われていないと判断する場合には法人分離の手続きにより離脱することができるのだから。合衆国で現在進行中の傾向は一個の独自市町村を形成することである。この傾向に押されて郊外《サバーブ》の居住者たちは、インナーシティの居住者たちへの社会扶助を支払わずにすますために、併合よりも法人設立を選ぶ傾きがある。こうした傾向は、都市の一体性を回復するための手段と、とりわけ原則を模索する地方自治体当局に多くの問題を提起する。こうしたことがらが少なくとも証明するのは、実質的な都市領域とその延長を考慮に入れずに民主主義を適用しても、問題を解決するどころか増やすだけだということである(35)。

オランダ人は、都市の拡大と議会単位画定の問題について正反対の原則を採用した。というのもこの原則に従えば、住民の自由よりも国土《テリトワール》への配慮を優先して、新規の都市的定住地として正当な空間をあらかじめ決定することができるからである。「乱開発」から田園風景を守ってその美質を保存し、また中心都市のまわりに不定形な郊外が出現するのを避けるために、オランダ人は、その中心都市から離れたところに新しい土地区画を定め、そこへと都市化を方向づける。こうして、ぶどうの房状に都市が集まる都市風景と完璧に手入れされた田園風景とが現れる。このようなオプションは国土への配慮と民主主義への配慮を両立させるけれども、あらかじめ採用されていなくてはならない。したがってこのオプションが有効であるのは、国土が人間たちの富――海にたいして勝ち取ったものであり、無駄遣いはいかなる対価を払ってでも禁じられる――をなす国においてでしかない。

フランスで都市圏という政治単位を画定するしかたを構想する――地域《テリトワール》の問題をやりすごすアメリカの弱点を避けながら、しかしだからといって国土《テリトワール》を優先するオランダのやりかたに頼ることもできない――には、どうすればよいのか。都市を民主化するプロセスのなかで都市の動きをどうすれば考慮に入れることができるのか。議員たちの自然発生的な善意を当てにすることはできない。それはシュヴェーヌマン法がその運用の欠陥によって実例を示したところだ。居住者たちも当てにできない。アメリカ人がその証拠を提供した。国の強権的な行動も当てにできない。なぜなら分権化を疑問に付すことになるだろうから。とすれば残るのは、市町村連合にかんする法律をまったく別のかたちに定式化しなおすという解決法である。市町村連合は賞罰論理の片面しか発動していない。遠隔統治が正しく理解されるならば、裕福な市町村のクラブ論理に制裁を科さずにはすまされないはずだ。なぜなら、現状では県議会か州議会が握っている都市部議員に関係する特権のような財源がかれら都市部議員に譲渡されるのは、まず市町村連合の社会的混合の性格に比例しなくてはならず、次いで普通選挙で都市圏議会を選挙するというかれら都市部議員の意思決定があって、それで初めて認めると定められているのだから。功利主義的な論理でものごとを進めなくてはならないのなら、そのぶんいっそう首尾一貫して功利主義的でなくてはならない。

直接普通選挙で選挙されるような都市圏議会を創設して、なにが期待できるのか。都市圏議会は、国が全国レベルでうまく実現できなかったことを地方レベルでよりうまく実現できるということだろうか。それは都市を国家の等価物と見なすことであり、したがって都市の性質について思い違いをすることになるだろう。都市圏が経済的開発の政策をもつというのは否定できないが、しかし都市圏が国よりもうまく所得の社会的再分配を実現できるというのは疑わしいどころではないように見える。ロラン・ダヴジーの仕事がみごとに示すように、都市圏の富は、国民連帯と個人消費の枠組みのなかに発生する公的歳入および私的所得の国内移転の大きさで測られる経済的達成《パフォーマンス》にはなにも負っていない(36)。公務員の給与と富裕な年金生活者や旅行者の支出のおかげで南フランスの都市圏は、パリ地方〔イル＝ド＝フランス〕の先端産業誘致地区を擁する都市よりも裕福でありうる。同じくダヴジーは、地方レベルで組織される財源再分配政策は、全国レベルの再分配と比べてつねにほとんど有効でないと証明した。したがって、居住者のあいだの不平等を大幅に小さくする都市圏という審級を夢想しても無益なのだ。

都市圏という審級に期待できるのがより強力な再分配でないとしたら、それではなにだろうか。ティエリー・オブレの正当な判断によれば、都市圏が影響を及ぼすのは、くだんの再分配の総額というよりは、そのやりかたにたいしてであって、「都市を作る」ことが課題であるとき再分配のやりかたは総額よりもかなり重要である。[37] 都市圏の水準でなら再分配をいっそう妥当なものにすることができ、恵まれない住民への扶助をいっそう効果的なものにすることができる。社会的移動性と都市再生について前述したことがらを実行に移すことができる。すなわち、恵まれない街区の居住者たちのための雇用機会、学区についての新しい考えかた、都市連帯再建法第五十五条の一般的基準だけによるのでなく必要によりよく合致するかたちでの社会住宅の配分。都市を開かれたものにすることができ、そして取り壊された建物の居住者たちをよい方向で住み替えさせる——受け入れる気のない市町村へまわしたり、空き家であるのが偶然でない空き家に押し込めたりするのでなく！——ことのできる都市再生。こうした取り組みには、都市の「再結集 ré-agglomération」[38] をとりわけ期待することができる。なぜなら住居が都市に結びつけられ、障壁が低くなるのだから。住居や街区や市町村は個々別々のものとして存在する必要があるが、しかしそのぶんだけ、都市を作るためにはつながりあい開かれあう必要がある。このように都市の本源的意味、解放されることの本源的意味を喚起したオリヴィエ・モンジャンの定式によれば、同じひとつの民主主義的実体に帰属するという共同性だけが「解放」を可能にするのである。

注

（1）とりわけ次の記事を参照。« Financièrement, les villes riches d'Île-de-France sont de moins en moins solidaires des communes pauvres », *Le Monde*, 13-14 novembre 2005, p. 7.

（2）場所闘争のよい事例は、カルパントラ市 Carpentras〔南仏ヴォクリューズ県の市〕が行った「団地の心」事業である。階級闘争にとってかわる「場所闘争」という表現については、アルベルト・マニャーギ Alberto Magnaghi の分析とオリヴィエ・モンジャンによるその再検討を見られたい。Olivier Mongin, *La Condition urbaine. La ville à l'heure de la mondialisation*, Paris, Le Seuil, 2005.

（3）アラン・タリユス Alain Tarrius の仕事を参照されたい。同時にとりわけまた、Hasnia-Sonia Missaoui, « L'École, le collège : y rester ou en sortir. La construction du potentiel de formation parmi les familles d'enfants gitans et maghrébins de Barcelone à Perpignan, Montpellier et Toulouse », recherche pour les ministères de l'Éducation et de la Justice, la DIV et le Fasild, mars 2005も参照されたい。これは同タイトルの電子刊行物および書籍としてトラビュケール出版 Trabucaire から刊行された。

（4）セミナー「都市的なものの社会的分極化 Polarisation sociale de l'urbain」（PUCA, décembre 2004）におけるクリストフ・ギリー Christophe Guilluy の報告を参照。

（5）都市連帯再建法により市町村に科される、社会住宅不足一戸につき年一五〇ユーロの罰金は、法文の不正確さが立法精神の歪曲を許容するぶんだけ、あまり抑止力がない。法に反した市町村に科される罰金を徴収する大アヴィニョン共同体（COGA）は、二〇〇四年に、徴収した半額を違反した六市町村に返還した。しかしながら返還された資金が法文の期待するように社会住宅建設の用地取得に当てられることはなかった。ラ・プロヴァンス紙 *La Provence* の二〇〇五年十一月十八日金曜日の記事 « Villeneuve, cancre du logement social » と « COGA : l'argent des pénalités devrait aller au logement » を参照されたい。

（6）最初の三年間の成果については以下。« Logement et mixité sociale », séminaire des élèves de l'ENA sur le logement , mars 2005. これはインターネットで入手できる。

（7） *Ibid.*, p. 11.

（8） フランスでは一九九八―一九九九年には回転率は一二・五%だった。したがって年におよそ五十万戸の空きがでていた。二〇〇四年には回転率は十%に低下し、適正家賃住宅はもはや四十万戸しか空きがでなくなった。パリ（適正家賃住宅入居希望者が一〇万二〇〇〇人）では二〇〇四年に適正家賃住宅在庫の回転率が五・三%へと壊滅的に低下し、しかも広い住宅についてはたった三・三%に低下した。リベラシオン紙 *Libération* の次の記事を見よ。« HLM : 1,3 million de ménages frappent à la porte », 26 juillet 2005.

（9） Cf. Catherine Mével et Salva Condro, « Les services publics à vue d'œil », recherche PUCA, 2005. この研究で、防壁を写した写真から明らかになったのは、防壁は増築を重ねてしだいに現在の高さに達したということであった。それはあたかも、ちょっとしたトラブルごとに脅威が大きくなったように感じられて、そのたびに壁を高くしていったかのようである。

（10） 弱い紐帯と強い紐帯の区別は、M・グラノヴェターが一九七三年に次の論文で導入した。« The strength of weak ties », *American Journal of Sociology*. この論文はフランス語で入手可能である。M. Granovetter, *Le marché autrement. Les réseaux dans l'économie*, Paris, Desclée de Brouwer, 2000.〔マーク・グラノヴェター「弱い紐帯の強さ」、野沢慎司編・監訳『リーディングス　ネットワーク論』勁草書房、二〇〇六年、所収〕

（11） Cf. Evelyn Baillergeau, Jan Willem Duyvendak, Lea Volker, « La promesse d'un habitat socialement mixte. Un état des lieux des politiques et des recherches sur la mixité sociale et la gentrification aux Pays-Bas, en Belgique et en Suède », Institut Verwey-Jonker (Utrecht), Université d'Amsterdam, recherche PUCA, 2005.

（12） 明確にしておかなくてはならないが、「コントロールされたジェントリフィケーション」は、アムステルダムとロッテルダムではいちじるしく異なる帰結をもたらしたのであって、「優しい解放的な都市」モデルが支配的な前者では、「厳しい懲罰的な都市」モデルに属する後者（ロッテルダムでは市議会選挙でポピュリストが優位を占めたからにすぎないとしても）よりも期待外れではない。Cf. Evelyn Baillergeau, Jan Willem Duyvendak, Lea Volker, « La promesse d'un habitat socialement mixte », *op. cit.*

（13）このプログラムについては文献が厖大にあるが、その結果は都市によっていちじるしく異なる。実験の速報的な概括として、以下を読むことができる。Francine Dansereau, « Le logement social et la lutte contre la pauvreté et l'exclusion sociale », rapport à l'Observatoire des inégalités sociales et de santé du Québec, janvier 2002. この論文はインターネットで手に入る。

（14）この点でアムステルダム市は長らくヨーロッパでもっとも興味深い経験をしてきたと思われる。アムステルダム市で行われている住宅政策は、あらゆるカテゴリーの住宅の供給を増やすことを狙っている。この戦略のおかげで、アムステルダム市は（外郊外化がはっきりと優勢なロッテルダムと違って）外郊外化傾向とジェントリフィケーション傾向のあいだで均衡をとることに成功してきた。Cf. Evelyn Baillergeau, Jan Willem Duyvendak, Lea Volker, « La promesse d'un habitat socialement mixte », *op. cit.*

（15）この主題についてはヴァンサン・ルナール Vincent Renard の多数の著作を参照。

（16）この方向を目指す最近のある法案の極度の臆病さと、その法案が与党多数派（民衆運動連合ＵＭＰ）のお歴々に惹起した敵意は、フランスにおける土地税制の硬直性について雄弁に物語る。

（17）こうした仮説を定式化するにさいして以下の研究の結論に依拠した。Georges Felouzis, Joëlle Perroton, Françoise Liot, « École, ville et ségrégation. La polarisation sociale et ethnique dans l'académie de Bordeaux », Cadis, LAPSAC, 2003. この研究はその後、次のタイトルで刊行された。*L'apartheid scolaire. Enquête sur la ségrégation ethnique dans les collèges*, Paris, Le Seuil, 2005.

（18）エンパワーメント・ゾーンについては、『エスプリ』誌「三重構造の都市」特集号（前掲〔第一章注（２）〕）に掲載されたトマ・キルツボーム Thomas Kirszbaum の論文を見よ。

（19）Cf. Thierry Oblet, Joëlle Perroton, Claire Schiff, Agnès Villechaise Dupont, « Ménages immigrés ou issus de l'immigration dans les opérations de renouvellement urbain », Cadis, Université Victor-Segalen, Bordeaux 2, rapport pour l'Union sociale pour l'habitat, 2005.

(20) Olivier Mongin, *La Condition urbaine*, *op. cit.*, p. 235.

(21) Cf. Jacques Donzelot et Renaud Epstein, « La rénovation urbaine: voulue ou subie? », enquête du CEDOV pour le comité de suivi et d'évaluation de l'ANRU, janvier 2006.

(22) 一九四九年のアーバン・リニューアル・アクト〔都市再開発法〕は、二十世紀の西洋国における最初の大規模な都市再生に着手した。

(23) Martin Anderson, *The Federal Bulldozer. A critical analysis of urban renewal, 1942-1962*, Cambridge (Mass.), MIT Press, 1964.〔マーチン・アンダーソン『都市再開発政策』柴田徳衛、宮本憲一監訳、鹿島研究所出版会、一九七一年〕

(24) 合衆国における都市政策の歴史については次を見られたい。Jacques Donzelot, Catherine Mével, Anne Wyvekens, *Faire société. La politique de la ville aux États-Unis et en France, op. cit.*

(25) Cf. Rob Atkinson et Stéphanie Lejeune, « Area-based urban policy initiatives. The role of resident participation in England and France ». この論文は、現代都市政策における下からのイニシアティヴにかんする都市研究ヨーロッパ会議（二〇〇一年五月コペンハーゲン開催）に提出された。

(26) Jacques Donzelot, Renaud Epstein, « La rénovation urbaine : voulue ou subie ? », *op. cit.*〔Erving Goffman, "On cooling the mark out: some aspects of adaptation to failure" in *Psychiatry*, vol. 15, 1952, reprinted in Charles Lemert and Ann Branaman (eds.), *The Goffman reader*, Malden (Mass.), Blackwell, 1997. この論文はオンラインでも読める。〕

(27) Olivier Mongin, *La Condition urbaine, op. cit.*

(28) ここで念頭においているのはハーグのパントル広場 place du Peintre である。

（29）「社会的都市」プログラムについては、次を見られたい。Alexandre Wagner, « Le programme 2002 », in DIV, « Ville et société ».

（30）「都市を再結集する」という表現はオリヴィエ・モンジャンによる。Cf. *La Condition urbaine, op. cit.*

（31）しかしながら遠隔統治の方式は、国立研究機構（ANR）の創設にともなって研究分野のような思いがけない他の部門でも同様に姿を現している。〔国立研究機構は二〇〇五年に設立された行政的公施設法人。日本でいえば日本学術振興会に相当する組織で、競争的公募資金を用いてフランス国家の優先研究課題を振興し社会に還元することを究極の目的とする。〕

（32）Thierry Oblet, *Gouverner la ville, op. cit.* を参照されたい。

（33）Cf. Philippe Estèbe (bureau d'étude Acadie) et Magali Talandier (bureau d'étude L'œil), « La carte politique comme instrument de solidarité. L'intercommunalité à l'épreuve de la polarisation sociale », recherche PUCA, 2005.

（34）*Ibid.*, p. 79.

（35）Cf. Cynthia Ghorra-Gobin, *Villes et société urbaine aux États-Unis*, Paris, A. Colin, 2003.

（36）かれの仕事の要約を以下に見ることができる。Laurent Davezies, « Vers une macroéconomie locale. Le développement local entre économie productive et présentielle », rapport à la DATAR, août 2005.〔この論文はオンラインで読める。〕

（37）Cf. Thierry Oblet, *Gouverner la ville, op. cit.*

（38）Olivier Mongin, *La Condition urbaine, op. cit.*

結論
都市の精神

都市のなかで社会的混合を実現するには、恵まれない市街区域に社会的混合を課すよりも、それら市街区域の住民の都市のなかでの移動性を促すほうがよいとわたしたちは述べた。恵まれない街区で大規模な都市再生を実施するのはたしかに重要なことである。けれども都市再生の成果が相応の効果を生むのは、居住者たちが都市のなかで自分たちの街区にたいしてもつ力能を大きくできるという見通しにもとづく場合であって、ほとんどの場合に明らかにそうであるように、中流階級を迎え入れるのに好都合な敷地を回収するというただひとつの願望(これは住宅供給管理業者だけでなく議員の願望でもある)に応えることだけを目標とする場合ではない。とはいえ以上の、中流階級の不動産への関心を考慮に入れることと、問題街区の居住者の力能を大きくするよう努力することというふたつの願望は、もっとも弱い者たちを操作することに帰着するのでないかぎり両立不能というわけではない。そして最後に、政治における市町村連合の手法を用いて都市を再結集すべく努力し、そうすることで市町村が手段と困難を共有するように導かなくてはならないのであって、クラブ論理に従って結びつかせてはならないだろう。一方に金持ちクラブ、他方に貧乏クラブが生まれ、そして中間では金持ちの市町村（事業税収入に乏しい）が貧乏人の市町村（大きな税収をもつ）と結びついて、貧乏人の市町村の大きな税収が市町村間協力公施設法人をつうじて金持ちの市町村の発展に資金供給するために利用されるのだから。

　このように都市政策を方向転換するのがよいとわたしたちに勧めたのは、教説によってあらかじめ選ばれた選択つまり理論的かつ政治的に確信するがゆえの結果ではなくて、諸実践の観察であって、そして類似の困難に直面したヨーロッパと北アメリカの諸国で実施されたプログラムの教えである。このような観察は、しかしながらフランスにおいて都市政策の資格で実施されてきた行動の哲学に一定の修正をほどこすよう促すものである。その軌道修正を形容するにあたって、わたしたちはここまでの議論で都市という目的語の前におく前置詞を変えることで満足してきた。つまり、都市に対処する政策 **politique *de* la ville** から都市を擁護する政策 **politique *pour* la ville** に変えるのがよいだろうと述べることで満足した。この変更にはたしかにいくらか示唆的な含意がある。しかし、このように主張したことがらをもっと明確に定義するにはどうすればよいだろうか。この軌道修正は理論的な賭金を含んでいるだろうか。それとも、厳密にプラグマティックな視点から結果をよりよくするための選択を表す便宜にすぎないだろうか。他国から見てわたしたちフランス人には理論的有効性を証明するのが重要だと知れ渡っているることは、アングロサクソンのシンポジウムで流布するあのひどい逸話が証言している。あるイギリス人がきわめてうまく成功したきわめて説得的な実験結果を詳述したところ、みなが称賛しているなかで、ひとりフランス人の清掃夫だけが違って、こう自問したというのだ。そうだな、それは実地ではうまくいく……でも、理論で通用するのかね。そこで、わたしたちはこの前置詞の交換に理論的賭金として含まれるものがなにか明確にするべく試みることにする。わたしたちの考えでは、いかなることも国家の配慮が働きかけるのが、市街地域《テリトワール》――どこかしらかに問題があらわになる場所で、その問題を国家が解決することでその場所に権力を復活させる――なのか、あるいは「都市」――独特な現象、資源、解決法であるがゆえに、発達させてそのあらゆる肯定的な影響を生みださせるべき――なのかにかかっている。

端的にいって「都市に対処する政策」という表現が表す政策行動の手続きの総体は、都市空間の部分として理解される街区を標的とする。というのもこの部分において国家権力が暴力や暴動や〔公共〕サーヴィスの機能不全のせいで危機に瀕しているように見えるからである。この政策の主唱者たちにとって賭金は地域《テリトワール》であり、したがって国家権力である。この点については、『ロベール・フランス語歴史辞典』による「テリトワール territoire」という言葉の定義を思い出そう。この辞典によれば、テリトワールという言葉が起源において意味していたのは

「国家権力に属する集団が定着する一定の土地の広がり」[1]であった。このことから最小限理解されるのは、いわゆる都市に対処する、というよりむしろ都市に押しつける政策を経由して公共政策を「領土化《テリトリアリゼ》」しようという意志である。この表現から理解しなくてはならないのは、国家権力からこぼれ落ちたあれら市街地に公共政策を適応させて国家権力を復活したいという願望なのである。このような企みにとって都市は、国家が諸都市を「捕獲」――ジル・ドゥルーズの表現によれば[2]――して以来、国土のありきたりの一部分である。ドゥルーズはフェリックス・ガタリとともに都市的体制と国家的体制というふたつの体制の異質性を強調してやまなかった。都市が水平線上における往来や入口や出口、ようは道路を構成するのにたいして、国家は垂直線に属しており、つねに上からやってくるもので、官僚制を前提とする。まさにこうした理由によって、領土《テリトワール》は国家官僚制に管理されるものとしての国家空間なのである。対照的に都市はドゥルーズに親しい表現によれば「脱領土化」原理を作動させる。国家による都市の捕獲、中世末における帝国による商業ネットワークと商業都市の捕獲は、ブローデルによって詳述されたことがらである。

しかし都市的体制と国家的体制というふたつの体制の異質性は、国家が都市を変容させたなかで「大規模住宅団地」のあからさまな反都市性というかたちで今も生きている。大規模住宅団地という手法が失敗したと確認された今、その手法が適用された「地域《テリトワール》」に立ち戻るならば、国家の望みは事業をもう一度やりなおし、もっと適切な形態を与え、正常化を可能ならしめ、あれら街区を「平均に」戻すことである。これは、アラン・ジュペが都市振興協定を打ち出したさいに用い、そして都市再生にかんするボルロー法がもっと積極主義的なやりかたでふたたび採用した表現である。平均というものは、このようにして国家権力が行使される一部分の領域を残りの国土《テリトワール》と区別のつかないところにするのだ。ようするに都市に対処する政策の狙いは、都市がもはや問題を生まないようにすることなのである。なぜなら、社会的混合は、あのマイノリティの集住地のような都市を脅かす特異な事象を少なくするはずのものであり、そしてあれら恵まれない地域を優遇する積極的差別はその地域に雇用を呼び込み、〔公共〕サーヴィスの機能を改善することを可能にするはずのものなのだから。

まさにここに都市に対処する政策に執拗につきまとう不満の理由がある。この政策は都市を取り扱いながら、その都市をただ問題とだけ見なして、けっして解決法とは見なさないのだから。というよりむしろ、この政策は都市の精神をなすものに関心を払わないのだ。わたしたちが理解したかぎりでは「都市の精神」をなすのは、個人のエネルギーを移動性によって発展させることのできるネットワーク論理や水平線の力に固有の能力、街区の水準に諸力を創造することで生まれる集団に固有の能力、都市圏という政治的アイデンティティを構築すれば都市ネットワークそのもののなかに生まれる都市に固有の能力である。都市政策が都市の精神と関係がないのは、都市が、都市の原初の精神が、全般化した都市的なもの（フランソワーズ・ショエの定式による）のせいで消滅したからである。全般化した都市的なものとは、すなわち都市的組織が果てしなく拡張して空間を侵略した結果であり、人びとを吸収したかつての都市の反対物である。もはや住民を含まないがゆえに都市は都市の資格に値しない。湖の干上がったあとの土地が湖の資格に値しないのと同じように。

都市的なものが全般化して国土《テリトワール》全体とほぼ一致するにおよんだのだから、したがって都市の種別性すなわち都市の精神に立脚しようと望んでも無益ではないだろうか。もはや都市が存在しない、少なくともその原初の意味では都市が存在しないのに、都市を擁護する政策に訴えるのはなぜか。まず最初に、都市を生みだすのを可能にするもの、すなわち都市をじっさいに発生させるメカニズムを知るべきである。それがオリヴィエ・モンジャンが「都市の条件」についての著書でしたことであった。では、都市に固有の「発明」は、なにに存するだろうか。ごく単純な定式でいえば、同時に開いていてかつ閉じている空間を作動させることに、である。扉は開いているか閉じているかでなくてはならないという俚諺を逆さまにしただけにしか見えない奇妙な定式である。それに少しでも真剣に検討してみるなら、この定式は、家にも、都市にも、またいかなる種類の人間の集合体にも、まったく同じように当てはまらないだろうか。そうはならない理由は単純で、それらの空間形態はまさに内部を意味するのであって、外部を意味しないからだ。あるいはむしろ、それらが意味するのは、ひとを脅かし恐れさせる果てしない外部であり、自分を見失わせる無制限である。それとは対照的に都市とともに、家族や共同体から離れた個人は空間を発見し、そのなかでもとの家族や共同体とは別の団体に自分の身体を登録しなおすのだ。この別の団体に固有の働きが、外部についての恐れを鎮め、外部を環境へと、脅かすというよりは惹きつけるよその場所へと変換することである。

都市は、家族的ないし共同体的な被膜の外に出た人間身体にとって、もうひとつの身体＝団体として保護をもたらすものである。都市とは、ひとたび個人が最初の帰属から解き放たれたとき、別の帰属へと自由で流動的なしかたで結びつけ直す手段であり、そのようにして空虚や不確かさという恐怖を抑制する手段であり、その恐怖を行き来したり離れたり戻ったりしたいという欲望へと変換する手段なのだ。まさにそうしたことがらのために都市は、その特別な能力によって、政治的なものの場所になった。すなわち、都市空間を開かれていてかつ閉じているように維持し、諸個人を互いに自由で「密着」しないように切り離しながらも接近させる能力によって。ハンナ・アレントが活動的生活《ヴィタ・アクティヴァ》を定義するために提起した有名なテーブルのイメージをもちだすよりも巧みにこの能力のことを表現できるだろうか〔『人間の条件』志水速雄訳、ちくま学芸文庫、一九九四年、七八―九頁〕。なぜならテーブルは同時に結集しかつ分離するものなのだから。つまりテーブルは、人間たちを行動のために近づけ結びつけるが、しかし同時にかれらが密着せず、塊《マス》にならず、共倒れせず、どんな可能な行動も犠牲にしなくてすむようにする手段なのだから。

都市の精神を生みだすメカニズムを喚起すれば、都市をもはやただ問題の視角だけでなく解決法の視角からも考察できるようになる。なぜなら、都市に問題があるのは、あれらの有名な団地で開かれと閉じられの幸福な結合が失われ、外部の恐怖をはらいのけることができないからではないだろうか。とすれば、団地で住民を結集しつつ充分に分離しておくことのできるくだんの能力があれば、建物のホールや共用空間にたむろする有名な若者たちのように、住民たちが共倒れしたり塊になったりせずに、したがっていかなる行動をするにも熟慮できなくならずにすむのではないだろうか。あれら団地についてしきりに孤立や棄て置きが語られるのは、それらの空間が開かれているという以上に閉じ込めるからであり、共用空間が人びとが群れて密着する場所であり、塊になる影響力が活動的生活《ヴィタ・アクティヴァ》と対立する場所だからではないだろうか。

　このような団地における都市の精神の否定が、都市政策の最初のやりかた〔社会的開発〕で効果的に克服されることはなかった。団地でアソシアシオン活動を整備し〔公共〕サーヴィスを改善すべく努力したにもかかわらず。なぜか。都市政策が、問題のある住民を団地に「足留め」し、団地から残りの都市を守ろうとする一定の意志をもっていたからである。わたしたちが作り上げたのはむしろ一種の植民地行政であって、かつての植民地におけるのとまったく同様に、その枠組みの下の部分だけを「原住民」に割当てたのだ。それが意図された戦略の結果だったというのではない。だが、下部に力能が生みだされたならば領土《テリトワール》にたいする国家権力が脅かされるという懸念が、かつて濫用された手法への驚くべき部分的回帰をゆっくりともたらしたのである。

　都市再生事業で「都市の精神」をうまく見出せたのだろうか。この都市再生事業の野心が言明されたのは……八十年代の街区の社会的開発事業とは別のやりかたで、しかし同じ名目においてであった。都市再生事業が新たにつけくわえたのは、都市の原則そのものに反すると見なされた都市計画と建築学が生みだした過剰な内閉〔閉じられ〕の影響を打ち破るための実効的手段であった。じっさいには、都市再生の事業は、課された社会的混合のしるしのもとに位置づけられるのであって、以前の事業とは別のしかたで国家権力の復活という同じ願望を満たすためのものであるがゆえに、都市の精神の再創造という願望をほとんど満たすことがない。なぜなら、経験が示すところでは、混合を課しても住民がその帰属から解き放たれて他者と結びつき直すことはほとんどないし、むしろ人それぞれが自分と同じ社会的コードを共有する人びとの集団へと退却するよう仕向けるのだから。

したがって再生は必要だが、しかしそのぶんだけ困難であり不充分である。困難だというのは、望んだとおり居住者たちに好ましい効果をもたらすためには、居住者たちが事業の当事者でなくてはならないからであり、また傲慢な技師や独断的な政治家が居住者の懸念や願望と妥協することをおぼえて、事業をつうじて居住者たちが街区の責任を担えるようにし、都市におけるかれら居住者の力能を大きくするようにしなくてはならないからである。不充分だというのは、この空間を行き来したり離れたり戻ったりできる可能性の前提となるのが、社会的混合を課すことよりもそこに暮らす人びとの移動性を促すこと、つまり自発的居住の移動性や職業の移動性や就学の移動性を奨励することであるならば、ということである。とすれば、必要な補完物をもたらしうるのは、街区にたいする政策行動ではなくて、都市圏全体の水準で実施される政策行動だけである。

恵まれない街区に都市の精神を導入し直すのに成功したと仮定するとして、わたしたちはいたるところから浸水する船からスプーンで水をくみだす水夫みたいなものではないだろうか。というのも、都市的なものの全般化は「歴史的」都市の特徴をなすものをほとんど逆転させるのと軌を一にして進行したのだから。じっさい歴史的都市が提供したのは壁に取り囲まれ制限された空間であり、寄せ集めの輪郭だったけれども、それが実践や公共的舞台や政治的行動を無限に可能にしていた。オリヴィエ・モンジャンが述べるように、全般化した都市的なものは、場所の制限と実践の無制限の連関のまったくの逆転と結びついている。都市空間の無制限化は都市という場所の母胎的能力を破壊する。都市空間の無制限化によって都市という場所は、さまざまな関係のそれぞれのタイプに対応する同数のそれぞれの場所へと分解してしまう。閉じられを犠牲にして開かれを課すと、開かれはもはや純粋な休息や固定位置といった動きだしのための保護つき自由を供給しなくなる。閉じられはもはや豊饒で創造的な新しい実践を展開する契機ではなくなる。

フローの無制限化により、またあらゆる連絡手段により過剰に拡大した可能世界のなかで、わたしたちは少なくとも一時的に棲息場所をとりあげられる。そしてそのぶんだけ仮想コミュニケーションの無限の可能性が、出会いの機会としての都市への期待を切り縮めてしまう。ようするに、全般化した都市的なもののせいでわたしたちは、動きつづけるか、さもなくばフローの世界から身を引き離すかである。後者の場合、わたしたちは休息を味わうことができるけれども、今度は内部の囚われ人となり、わたしたち自身と、そしてわたしたちに似ていて安心感のある人びとの内輪とに身を譲り渡すことになる。

こうして本書の冒頭で素描した多重構造の都市についての分析にふたたび出会うのだが、今度は多重構造をつくりだす分離を回避するのを狙える可能性をともなっている。というのも、全般化した都市的なものはそれほど単純に、あらゆる人がフローのなかで消耗しつくすか、もしくは狭い隅っこに退却して社会的実践の可能性を切り縮めるかするような一面的な世界というわけではないからである。都市的なものの全般化にともなって、際だった対照をなすいくつかの都市の様態、あるいはこういってよければ都市的なものの様態が形成される。それら様態のいずれもが、都市の精神とのあいだに、たんなる否定や逆転の関係ではない誘惑や剝奪や探求の関係をもっている。

その意味で、場所とフローの関係を逆転させる傾向の強弱にもとづいて、全般化する都市的なものの多様な様態を区別することが可能である。それぞれの様態がフローのシステムと場所のシステムのあいだに築きあげる関係に従ってそれら様態を「序列化」するのがとりわけ適切である。とすれば、最大強度のフローを特徴とするのがジェントリフィケーションということになるだろう。この内輪形態が結びつけるのは、「上からの」グローバリゼーションが生んだ新興階級に属すると想定されるメンバーである。かれらジェントリファイアー〔ジェントリフィケーションの受益者〕たちは、旧都心のなかに、都市のような場所、実態がなくとも少なくとも都市の外見をした場所を追い求める。かれらは、いずれにしてもかれらの流儀で都市を再発明しようと、つまり中心街の立入り制限された――したがってますますアクセスが高くつく――空間を利用するのを可能にしてくれる交友関係を増やそうと精力を傾けるのである。こうしてかれらは都市のあらゆる利点を手に入れ、いかなる不都合をも免れる。そのような場所に住宅を獲得するために払う代金に比例して、かれらは少なくともそう望むのである。

棄て置きはまったく逆に位置する。フローの世界にたいする居住者たちの支配力の弱さに比例して、場所がかれらを足留めする。これは休息の場所や交流に適した保護の場所というよりも監禁の場所である。ジェントリフィケーションが多かれ少なかれ虚構の都市を再創造するのに力を注ぐのだとすれば、棄て置きは、都市のアンチテーゼとして構想された大規模住宅団地が建設されたことにたいし、居住者たちが払う代価をなす。かれらがもつ選択肢は、共用空間に張りつくか、怯えながら私的領域へ退却するかしかない。ジェントリファイアーが都市へのアクセスを事実上独占することに喜びを感じるぶんだけ、団地の居住者は都市の不在に苦しめられるのだ。

外郊外化についていえば、これは多様なフローへの登録、つまり通勤や通学や外出に必要な強制された移動性に相当する。それゆえに場所は、実践と出会いによる解放というよりは保護を与える平和な環境をもたらすかぎりでしか価値をもたない。住民たちは「棄て置かれた者」のように呪われた場所の囚われ人ではないが、ジェントリファイアーのように再創造された都会生活を選べる享楽家でもない。かれらは棄て置かれた者たちを忌避し享楽家たちを羨望する。

このように三重構造の都市という定式をとおして考察すれば、全般化した都市的なものが都市の精神との関連でもまったく不均等な状況を呈していると理解される。ここでまさに理解されるのは、都市の精神が三重構造にそくして都市的なもののさまざまな様態を読解するための原則を提供するということである。この読解の原則が都市の建て直しを導く原則をもまた提供しないと、なぜいえるだろうか。都市は死んでいない。たとえ猥褻な消費や正視に耐えない欠落や潜在的な絶望のかたちをとるにしても都市の精神が生きているのだから。都市はただ壊れているだけだ。だから別のかたちに作り直すことができる。都市の分解から生じた諸形態をもとにして、それら断片としての形態を結びつけ直すことによって。断片である諸形態は一体をなすぶんだけそろってはいるのだが、ただひとつ諸形態を結集する意志、すなわちそれら諸形態を分離する障壁を崩す意志——ただし、都市における場所の現状を考慮に入れないような虚しいユートピアのなかでひとつに融解させようとは主張しない——だけを欠いているのだ。

都市は、その意味で便利さ以外のいかなるものでもある。なぜなら都市はその本性において、またその起源において国家から区別されるものだからである。ジル・ドゥルーズが説明するように国家は、たしかに都市を「捕獲」したが、都市が、領土《テリトワール》を区画化する国家の論理を攪乱する論理に従って生きつづけ、拡大し、かたちをなし、壊れていくのを妨げることはできない。[3] したがって都市圏を民主的に組織するためには、都市の種別性と都市に期待できることがらを考慮に入れながら、一体化の原則が働きうる条件を前もって研究することが必要となる。

注

（1）「人間集団、特殊には国民的な政治集団が暮らす地表の広がり。あるいはまた、権力や裁判権が行使される国の広がり」。そして起源においては「国家権力に属する集団が定着する一定の土地の広がり」（『ロベール・フランス語歴史辞典』）。

（2）Gilles Deleuze, Félix Guattari, *Mille Plateaux* (*Capitalisme et Schizophrénie*, t. 2), Paris, Minuit, 1980, p. 538-542.〔ジル・ドゥルーズ、フェリックス・ガタリ『千のプラトー』宇野邦一ほか訳、河出文庫、二〇一〇年、下巻、一六九―一七四頁。〕

（3）Cf. Gilles Deleuze, Félix Guattari, *Mille Plateaux*, *op. cit.*〔ジル・ドゥルーズ、フェリックス・ガタリ、前掲書〕

訳者解説

有機的連帯から都市の精神へ

本書は、Jacques Donzelot, *Quand la ville se défait: Quelle politique face à la crise des banlieues?*, Paris, Le Seuil, 2006の全訳である。二〇〇八年にポッシュ版が出版されているが内容に変更はない。

ジャック・ドンズロのことは、著作が一冊、翻訳紹介されているけれども、ずいぶん以前のことでもあり、日本でよく知られているとはいいがたいと思うので簡単に紹介しておこう。

ドンズロは、一九四三年にブザンソンで庶民的な階級の家族の息子として生まれた。中等学校《コレージュ》一般教育教員（PEGC）を養成する専門学校に進んだ後、地元の大学に入りなおし、ソルボンヌに移って歴史学を専攻した。本人はあるインタヴューで「栄光の三十年間の恩恵に浴したタイプ」と述べている。(1) 六九年、できたばかりのパリ大学ヴァンセンヌ校の社会学の助手になり、翌七〇年にナンテールに移って以来そこで教官を務めている。九〇年から九三年まで都市担当省庁間代表連絡会議（ＤＩＶ）で都市政策評価の学術責任者を務めた。現在、国土整備省の研究機関ＰＵＣＡ（Plan Urbanisme Construction et Architecture）の学術顧問、『エスプリ』誌の編集委員を兼務しており、フランス大学出版会（ＰＵＦ）の叢書「論争の都市 la ville en débat」を監修している。

業績についてもこの訳書を理解するのに有益と思われる範囲で紹介しておこう。博士論文にもとづく最初の著作『家族の警察《ポリス》』（七七年刊。著作については末尾に掲げたリストを参照）は、近代家族の位置づけをめぐって論争をまきおこし、世界的な注目を集めた。妻や子どもの自由化ないし解放のかたちをとる権力の作用を「ポリス」あるいは「統治」の視点から跡づけたこの研究は、本書の問題関心の出発点であったフーコー的な規律化の問題設定を書き換えるものであった。統治性ないし統治技法についてのフーコーのコレージュ・ド・フランス講義に一定の影響を与えたものと思われる。とくに英米圏のフーコー派やアルチュセール派へのインパクトは大きく、その後の統治性研究の端緒となった(2)。

次の『社会的なものの発明』（八四年）は、当時さかんにいわれはじめた「福祉国家の危機」、それと密接につながっている「民主主義の衰退」を問題関心とし、福祉国家あるいは社会的な民主主義の基盤をなす「社会的なもの」の起源を第三共和政のイデオロギーとしての社会学（と連帯主義）に求めて、その機能と限界を明らかにした。政治または経済の水準で取り扱うならばのっぴきならない対立を生まざるをえない問題（階級、貧困、不平等）を、交渉可能で量的な行政的問題に変換する問題設定としての「社会的なもの」。そのうえに二十世紀の民主主義と福祉国家は成立している。危機の起源を見定める本書は、多くの前提を共有するフランソワ・エヴァルドの『福祉国家』(3)、ロベール・カステルの『社会問題の変容』(4)や、そのほかピエール・ロザンヴァロン、ハーバーマス、ウルリヒ・ベック、リチャード・セネットらの議論と並んで、福祉国家や民主主義を歴史的に見通すために欠かすことのできない参照点を形成している。『家族の警察』と『社会的なものの発明』における「社会的なものの歴史家」は、その後「都市的なものの社会学者」になる。わたしたちがいま手にしている『都市が壊れるとき』で言及される八一年のリヨン郊外マンゲットの暴動は、その転身のきっかけのひとつでもあっただろう。先のインタヴューによれば、しかし関心の所在は『社会的なものの発明』の延長線上にある。なぜそのまま社会的なものの研究を、つまり福祉国家の諸制度(雇用、医療、教育……)の研究をつづけようとはしなかったのかと問われて次のように答えている。

わたしの興味をもっとも惹いたのは、いつものように、思考のであれ行動のであれなんらかのモデルというよりは、モデルを横滑りさせ、うまく機能しないようにさせるものであった。モデルに変化を促す失敗部分にまさしく興味があったので、モデルの弁護や例証をすることには興味がなかった。わたしの興味を惹き、また頭を悩ませたのは福祉国家の失調だったけれども、それは邪悪なネオリベラリズムが福祉国家を圧迫する脅威というよりは、福祉国家の相対的な失敗に内在する要因によるものであった。そしてその失調は都市の水準に現れていたのである。団地の暴徒たちはもはや社会権を要求してはいなかった。かれらはかれらなりの流儀で、その名の知られた権利は自分たちの居場所を社会のなかに作らない、あるいはほとんど作らないと言っていたのだ。

八一年のミッテラン政権発足後はじめられた都市政策は、社会参入支援（ＲＭＩ）とともに社会国家の再編の根幹であった（カステルの顰みに倣って、福祉国家ではなく、「社会的なものにもとづいて社会的なことを行う国家」という意味で社会国家と呼ぼう）。『社会的なものの発明』の著者は、その最終章における社会国家の展望（諸個人をまきこみ社会を動員する）を検証するために、八十年代後半から都市政策の政策過程を調査してきた。さらに、前述したように九〇年から四年間、出向というかたちで都市担当省庁間代表連絡会議（ＤＩＶ）のなかに入って行政に直に触れている。ドンズロは、それ以後も都市政策の評価にかかわり、いくつもの報告書の執筆を手がけている。『励まし促す国家』（九四年）と『社会を作る』（二〇〇三年）は、そうした政策評価でえた知見をもとにして書かれた著作である。とりわけアメリカのゲットー対策、都市再開発、コミュニティ・ビルディングの経験をフランスの都市政策と比較した浩瀚な『社会を作る』は、社会国家やコミュニティや社会包摂を考えるうえで、論争的でありながら多方面に示唆を与える著作だと思われる。

わたしたちがいま手にしている『都市が壊れるとき』は原著で二百ページにも満たない小著ながら、以上のような仕事の全体を凝縮して論じなおすことで問題領域としての「都市的なもの」の上昇を論証し、それだけでなく、そうした問題状況にたいして「都市の精神」を提起するという新しい理論的展開を見せている。本書は現時点でのドンズロの仕事全体のすぐれた要約をなしていると同時に、二〇〇五年十一月にフランス全土と世界を揺るがせた大暴動への、都市政策に多少ともかかわった者からの一種の自己批判的な応答といってよく、さらに二十一世紀における新しい社会国家のひとつのイメージを、素描とはいえ提示している。

二〇一一年八月にイギリスで大規模な暴動があった。とくに八十年代以降に繰り返されてきたイギリス都市暴動も、六十年代アメリカの人種暴動も、もちろんそれぞれ固有の状況に規定されているけれども、その根底にあるのはやはり郊外暴動と同じように都市の民主化の失敗であり、「福祉国家の失調」であるだろう。そのような事態の歴史的・制度的由来を考え、民主主義社会の将来展望を摑むために、この小さな書物は繰り返し読まれる価値があると訳者は考えている。

本書は、翻訳の拙さはともかく、それなりに整然と構成されており、理解しにくいとは思われないので、内容をここで要約する必要はないだろう。けれども、凝縮された論の運びを多少なりとも多面的に理解するために補助線のようなものをいくつか補っておこうと思う。

・都市政策の特異性――都市という対象

「都市政策」は、さまざまな行政（社会政策）のうちの一分野を指すありふれた名称ではない。そうではなく住宅や都市計画のみならず教育、経済開発、治安、文化活性化など多次元に作用する特異な省庁横断的政策である。多元的な介入に一体性をもたらすのは、都市という（あるいは都市のなかにおける）ローカルな空間のまとまりである。不平等と社会的排除を空間に帰属するものとみなし、その差別化された空間にたいし、多元的に――だが、居住環境と雇用を主軸として――介入する。それが都市政策である。

居住環境への働きかけは、日本でいえばかつての公団住宅に相当する社会住宅、とりわけ高度成長期に多数造成された大規模団地の再編をつうじて行われる。住宅への公的助成の道を開いたシーグフリード法（一八九四年）に起源をもつ社会住宅は、現在、実質的に適正家賃住宅（HLM。一九五〇年以前は低廉住宅HBM）である。賃貸住宅と所有権付与型住宅に大別されるHLMは、建築規格、家賃、入居者について法定の規制が課されている。これを供給し管理するHLM組織は、歴史的に私的セクター主導だったこともあって多種多様である。主流をなすのは、自治体が主体となる住宅公社（Office public de l'habitat。二七四社。二〇〇七年以前はHLM公社）、営利活動に一定の制限を課される株式会社である住宅社会企業（Entreprise sociale de l'habitat。二七四社。〇七年以前はHLM会社）、HLM協同組合（一六六組合）である[5]。HLMは二〇〇〇年以降漸減傾向にあるが、〇八年現在、住宅総戸数の十七%、賃貸住宅総戸数の四十四%を占め

ている。(6)

住宅はたしかに重要な要素であるが、しかしすでに述べたように、都市政策はそれ以上のものを狙っている。この政策のポイントは都市空間への多元的介入であり、空間をてこに試みられる包括的な社会統合である。このような行政作用は、ある意味で我が国の同和対策事業と比較することが可能であるように思われる。ローカルな場所を区切ってそこにトータルな社会政策ないし社会福祉を重点投入すること。貧困と排除に等しく対処しようとすること。残念ながらここで立ち入った議論はできないが、国家、社会的なもの、都市空間の関係づけかたにおいて興味深い類似と相違が見出されるに違いない。いずれにしても注目すべきは、社会政策としての特別な性格である。その鍵となるのは「都市」の位置づけであるだろう。この対象は、他のさまざまな社会的な対象(住宅、雇用、教育……)と横並びのひとつ、あるいはそれらを束ねたものではない。都市は、ひとつの問題領域を構成するという以上に、問題構成自体、すなわち社会国家の基盤である社会的なものを変質させる役割を演じるのだ。都市は、社会国家の存在様式あるいは民主主義のかたちを決めるひとつの賭金をなしている。

制度的な側面からいえば、そのような変質はさまざまな水準で推進された分権化の帰結である。政策内容において多元的であることを特徴とする都市政策の第二の制度的な特徴は、分権化の実験室になったことであった。都市政策を扇の要のようにして、社会的なものの変質とさまざまな水準での分権化とが、フランスにおける社会国家の再編成をすすめていったのである。

・社会国家の変容——社会学図式の変質

ドンズロの都市政策論は、たんに個別政策の研究にとどまらず、フランス社会国家の再編過程の研究である。ごく単純に図式化していえば、ポイントは「励まし促す国家 Etat animateur」あるいは「可能にする国家 Etat qui rend capable」の概念に表される変容にあるだろう。(7)「励まし促す国家とは、社会国家の古典的機能の失敗を解決するために都市政策が発明したなにものかのことである」。(8)「アニマシオン animation」とは、なんとも日本語に移しにくい言葉だが、当事者が課題を成し遂げるのを近くから励まし、躊躇するならチャレンジするようさりげなく促す働きを意味する。それはちょうどワークショップにおけるファシリテーターの役割であり、一種の触媒のような機能といってもよい。再分配し福祉を与える「保護する国家」であった社会国家は、都市政策を介して、そのような「励まし促す国家」へと変容する。正確にいえば、そのような新しい層をつけくわえる、ないしは力点を移動させるのである。

ドンズロは、その変化を次のように説明している。社会国家は、いまやローカルなアクター(自治体、アソシアシオン、個人)にたいし、次のように語るという。

それらのことがらに取り組んでください。あなたがたは現場に近いし、それがどのようにして機能……しないかご存知です。わたしどもは一般法のことしか知りません。一般法をどのように調整すればいいのかよく分からないのです。あなたがたならそれができます。さあどうぞやってみてください。そうしたら、あなたがたが出会った困難や率先して採り入れたイノヴェーションにおうじて、支援いたしますよ。[9]

ここに生じているのは権力の対象にたいする位置の移動であり、行動のモード変換である。そこにはふたつの「逆転」が生じている。まず、社会問題に対処する権力の下方へ向けての、あるいはローカルなものへ向けての外部化である。市民社会に発生する軋轢や危機を行政的続きに変換して内部化することで「解決」してきた社会国家は、解決を外の審級に委ねはじめる。次に、それと相関する動きであるが、権力の作用のしかたの逆転がおこる。「もはや国家がただひとりやりかたを知っているのではなく、国家はやらせるしかたを学ぶのである」[10]。社会国家は、いまや、ローカルなアクターたちが自ら問題解決するように能力を身につけるのを励まし促す、すなわち「可能にする（できるようにする）」ように働く。あるいは社会的投資を行う国家（ギデンズ）といってもよい。本書で「振舞いを導く」と形容される「遠隔行動（遠隔作用）」がその具体相にあたる。ローカルなアクターの「選択の自由」は、国家の撤退と引き換えに、むしろ国家の権力作用を貫徹させていく。

都市政策や社会参入支援に結実したこのような福祉国家の再編は、ようするに権力のネオリベラルな変容の帰結であるが、すでに『社会的なものの発明』で示唆されていたように、外部からの解体というよりは「福祉国家の失調」をてことする社会的なものの展開として解釈できる。六十年代以来の自主管理、分権化、参加民主主義という定式のかたちをとった福祉国家批判をある意味で具現しているのだから。このような見通しをもたらす分析水準において浮き彫りにされたのは、「福祉国家の危機」に対処するにあたって右派も左派も、その政治的価値観の違いにかかわらず、ほぼ同じ統治技法に訴えてきたということである。別のいいかたをすれば、リベラルでない、強い意味でソーシャルな統治性というものが存在するのか、あるいは可能であるのかという問いが問われているのである。大量のプレカリアートが出現し都市が分断されていくという惨状は、社会的なもののなかで社会的なものによって生みだされたのだから。(11)

社会国家の変容に内在的する論理とはなにか。それは社会的なものの変質を裏づける社会学図式の変質であるだろう。(12)第三共和政のイデオロギーとして誕生し高度成長期の社会国家の基盤となったデュルケームの社会学図式は、ごく簡単にいえば、「社会的分業」(産業資本主義型の)の発展がさまざまな職業や社会的地位の相互依存を深め、その相互依存の事実が「有機的連帯」のかたちをとり、その連帯のうえに社会が成立しているというものだ。経済発展が社会秩序を安定させ、社会秩序が経済発展を促進するという好循環がそこにはある。再分配にもとづく社会的な諸制度(社会国家)は、有機的連帯を顕在化させる「社会凝集」のシンボルだった。しかし、そうした好循環は、産業資本主義の衰退や資本と労働力の移動の自由化といった脱工業化した社会の新しい社会的分業によって断ち切られてしまった。いまや経済と社会はむしろ悪循環するのであって、社会的分業の深化が連帯を強めるとはいえなくなった。

有機的連帯が機能しない今、社会凝集（社会秩序）は、もはや国家の管理のもと「社会進歩」を顕現させることではない。そうではなく、経済競争とさまざまなリスクに適応できるように集団を動員し、排除によって人的資本が失われて経済パフォーマンスが落ちないように諸個人を市場に包摂することである。都市という対象が浮上してきたのは、まさにそのような動員と包摂の装置としてであった。

・都市の精神——社会を作るために

このように変質しつつも、依然としてというかむしろますますひんぱんにデュルケームの用語に訴える八十年代以降の社会的なものの言説と政策のことを、ドンズロは「新連帯主義 néo-solidarisme」[13]と呼ぶ。もはや有機的連帯には依拠しない新連帯主義が、連帯や社会凝集の言葉のもとに「都市」を呼び出したのであった。たしかに、有機的連帯の紐帯に結ばれているという前提が失われてしまえば、物理的な近接、空間の共有が問題化せざるをえない。この見知らぬ隣人がわたしの敵でないと保障するものはなにか。なぜこの不快な他人と同じ場所にいなくてはならないのか。そのような問いに応えるポテンシャルを社会的なものが失いつつあるがゆえに、都市の三つの傾向への分離が、経済のグローバル化のもたらした階層動向であるという以上に、空間の分離ないし隔離として現れたのである。しかし都市をネオリベラルな動員と包摂の装置に変えようとした都市政策は、共和主義の欺瞞（差異の否認）と植民地行政の意図せざる回帰（差別の制度化）に帰着した。グローバル市場への適応と領土にたいする権力の再確立という願望が、社会的に編成された都市空間の社会的性格を奪っていったのである。だから、都市政策から都市を奪い返さなくてはならない。社会国家を立て直すために有機的連帯に代わって社会的分業と社会凝集をつなぐ新たな原理を探求しなくてはならない。新連帯主義を批判するには、その新しい原理に根拠を求めなくてはならない。「都市に対処する政策（都市政策）」に代えて「都市を擁護する政策」を提起することの根底には、そうした問題関心がある。

都市が、具体的でローカルな空間が、社会凝集の理論的な要であり、かつ社会凝集の現場であることにかわりない。だが都市政策の失敗に直面して反省されるのは、都市を新連帯主義とは別のしかたで捉えなくてはならないということであった。「壊れた都市」に理想都市の鋳型を押しつけるのではなく（しかしそれがオスマン以来郊外団地にいたるまでのやりかただった）、「モデルに変化を促す失敗部分」と捉え、失敗をとおして「作り直される」可能性を透視すること。こうして「都市の精神」が有機的連帯の代わりに社会的なものの原理におかれたのである。思想史的に見ても都市の精神は、理想都市の系譜と対立するものとしてはじめて見出されるだろう。(14) ふたつの課題をとおして都市の精神について考えてみる。街区《カルチエ》を創り出すこと。開いていてかつ閉じている空間を作動させること。

街区を創り出すとは、「場所闘争」(15) を組織することだといいかえることができる。場所闘争とは、政治的かつ経済的な争点とされたローカルな都市空間の支配（使用）をめぐる闘争であり、その都市空間がどのようなものであるのか定義づける闘争である。と同時に、その空間がだれのものであるのか決定し、「ここはわたしの場所であり、わたしたちの場所だ」という場所意識を練り上げる行動であるだろう。空間に具わる地理的、生態的、経済的、文化的なあらゆる資源を動員して、自律的に持続可能な「共同財産」として、つまり民主主義の拠点としてローカルな「場所」を創出すること。かつて階級闘争が政治的情熱の源泉でありえたように、サーヴィス経済、知識資本主義の上昇とともに人間の知識や感情が生産手段としての重要性を強めている今、場所闘争が民主主義の情熱の源泉でありうるだろう。人間の生存が生産手段であるならば、人間の経験的存在の定位する「場所」のコントロールこそが民主主義の賭金なのだ。

だが、この民主主義を導くのは「共通善」であって、「一般意志」ではないだろう。場所を共有する「わたしたち」は異質な他者の寄せ集めであって、異質な他者たちをひとつの意志に収斂させる必要はないからである。そのようにして共有される場所を意識化することは、不可視化され排除されてきた人びとの可視化を促さざるをえず（そこにいるのだから）、かれらを当事者とする場所意識を練り上げていくことを要求するだろう。

ひとつにならない異質なわたしたち。そうした共存の形式を展開することは、ローカリティを形成する境界《リミット》をどのように作るかにかかっている。境界こそが「開いていてかつ閉じている空間」を作動させるのだから。境界はたとえばこんなふうに働く[16]。壁は外部からの攻撃を阻むと同時に内部を保護し、門はものごとを選択的に透過して外部を理解可能にする。水くみ場や門前や川の岸辺は多様な社会的流れを接触させ出来事を生起させる核となり、市場や広場の起源をなすだろう。野原の一本松や天蓋や衝立は、均質化しがちな空間を分節して意味の階梯を作り、内部に流動を、そして外部へと伸びる動きを生む。そして、同じ皿を別々の口で分かち合う食事の場を作り、会話の距離を保つテーブル……。都市は境界の多様な機能の織りなす複合体でなくてはならない。なぜなら街区を共有する人びとは、友か敵かといった単純な関係ではなく、友でも敵でもない協力者のような関係を多く取り結ぶのでなくてはならないのだから。再分配や社会的負担を正当化しうる連帯は、そのような関係からしかやってこない。

こうしたことがらは比喩にすぎないが、創造されるべき街区がどのような構造を具えるべきであるのか、またその街区をとおして経験される節目、きっかけによって動かされる生活についてイメージを提供するだろう。[17]「都市を作り直す」とは、そのような作業を意味するのである。

すべてはやりかたにかかっていると述べるドンズロの「都市を擁護する政策」は、しかし見方によっては違うやりかたで構想された新連帯主義、あるいはネオリベラリズムの善用といった趣があり、それをどのように評価するか、読み手を試すようなところがある。また、明示的には言及されないものの、明らかなアメリカのコミュニタリアニズムへの接近がフランスの政治文化のなかでどういう意義をもつのか深く掘り下げる必要があるだろう。もうひとつつけくわえるならば、本書の都市圏（市町村連合）や社会的混合にかんする分析に照らして、大阪をはじめとする日本の大都市再編がどのような姿に映るか検討することにも価値があるだろう。

いずれにせよ、安定が拘束にならないように、また社会的移動が身のおきどころのない過剰流動性にならないように、安定と社会的移動を結び合わせることの重要性は論をまたない。住居と雇用と学校をそのような境界として機能させることが分断された都市に都市の精神を吹き込むことであり、そして理想都市を模造したものではなく都市のように機能するものとして社会を作る第一歩なのである。

翻訳について二言。本書は基本的にわたしがひとりで訳したけれども、序章と第一章は篠原雅武さんに協力していただいた。また訳稿全体を松浦雄介さんに通読していただき有益な指摘をいただいた。この場を借りてお礼を申し上げる。しかしながら、多数残っているに違いない誤りや不適切な訳の責任は、いうまでもなくわたしひとりにある。ジャック・ドンズロの書き物の翻訳紹介がどうしたわけか長く途絶していたことに首をかしげていた者としては、思いがけなく翻訳を引き受けることになり、日本語の世界にきちんと受容されるきっかけを提供できるならばたいへん喜ばしい。だが、それに値する翻訳に仕上がっているかどうかは読者の判断に委ねるより他はない。

凡例めいたことを少し。傍点を付したところは原文でイタリックで記された箇所である。ただし、外国語であることを示すためのイタリックには付さなかった。ダッシュや括弧は訳者の判断で使用したので、かならずしも原文と一致していない。読みやすさを考慮して長い段落を小分けしたところがある。訳注もページを行ったり来たりする煩雑さを避けるために本文中に〔　〕に入れて記した。やや長いものもあり、煩くてかえって読みにくくなったのではないかと恐れる。少数あった誤記のたぐいは注記せずに直したが、誤記ともいいにくい箇所は注記した。原書にあった略語表は、いくらか増補して訳語対応表とした。訳者が作成した年表とともに利用していただければ幸いである。

最後に、この不景気に本書のようなお世辞にも儲かるとはいいにくい書物の刊行を決断し、怠惰で気まぐれな訳者を励まし促してくれた人文書院の松岡隆浩さんに敬意と感謝の気持ちを表したい。

二〇一一年十二月　福井　　　　宇城　輝人

注

（1）« Invité(s) Jacques Donzelot » propos recueillis par Thierry Paquot, *Urbanisme*, n° 378, 2011. このインタヴューはネットでも読める。

（2）統治性研究については以下の論文集が出発点をなしている（後者のニコラス・ローズ編著は第二章注23で言及されている）。Graham Burchell, Colin Gordon, Peter Miller（eds.）, *The Foucault effect: Studies in governmentality*, London, Harvester Wheatsheaf, 1991, Andrew Barry, Thomas Osborne, Nikolas Rose（eds.）, *Foucault and po-*

litical reason: Liberalism, neo-liberalism and rationalities of government*, London, UCL Press, 1996.

（3）François Ewald, *L'État providence*, Paris, Grasset, 1986.

（4）Robert Castel, *Les métamorphoses de la question sociale: Une chronique du salariat*, Paris, Fayard, 1995.（『社会問題の変容』前川真行訳、ナカニシヤ出版、二〇一二年）。

（5）http://www.union-habitat.org/identite（二〇一一年十二月五日現在）Cf. Jean-Marc Stébé, *Le logement social en France*, 5e éd, Paris, PUF, 2011.

フランスの社会住宅と都市政策について日本語で読めるものとしては以下を参照。檜谷美恵子「フランスの住宅政策」、小玉徹ほか『欧米の住宅政策』ミネルヴァ書房、一九九九年、檜谷美恵子「地域空間化するフランスの住宅政策とそのガバナンス」『政策科学』第十五巻第三号、二〇〇八年、大村敦志『フランスの社交と法』有斐閣、二〇〇二年、早川和男『人は住むためにいかに闘ってきたか（欧米住宅物語新装版）』東信堂、二〇〇五年。

（6）*Housing Europe Review 2012*, CECODHAS Housing Europe's Observatory, Brussels, 2011. この文書はネットで読める。

（7）Cf. Jacques Donzelot, « Un État qui rend capable », Serge Paugam（dir.）, *Repenser la solidarité: L'apport des sciences sociales*, Paris, PUF, 2007.

（8）« Invité(s) Jacques Donzelot », *Urbanisme*, *op. cit.*

（9）*Ibid.*

（10）*Ibid.*

（11）Cf. Robert Castel, *La montée des incertitudes*, Paris, Le Seuil, 2009.

（12）Jacques Donzelot, « Un État qui rend capable », *op. cit.*

（13）Jacques Donzelot et al., *Faire société*, Paris, Le Seuil, 2003.

（14）Cf. Françoise Choay, *L'urbanisme, utopies et réalités: Une anthologie*, Paris, Le Seuil, 1965, id., *Pour une anthro-*

pologie de l'espace, Paris, Le Seuil, 2006.

(15) Cf. Alberto Magnaghi, *The urban village: A charter for democracy and local self-sustainable development*, London, Zed Books, 2005.

(16) この点について、ごく簡単に論じたことがある。宇城輝人「場所闘争のためのノート」『ＶＯＬ』第四号、以文社、二〇一〇年。

(17) ドンズロは『エスプリ』誌でフランス各地の再生事業を批評する連載「フランス団地通信」をはじめた。これまでにグルノーブル、ボルドー、ルーアン、ストラスブール、リヨンが取り上げられている。Jacques Donzelot, « Chronique de la France des cités », *Esprit*, juin- , 2011- .

※ドンズロの著作

La police des familles, Paris, Minuit, 1977, nouvelle éd., 2005.（『家族に介入する社会』宇波彰訳、新曜社、一九九一年）

L'invention du social: Essai sur le déclin des passions politiques, Paris, Fayard, 1984, éd. poche, 1994.

(dir.), *Face à l'exclusion: Le modèle français*, Paris, Éditions Esprit, 1991.

L'État animateur: Essai sur la politique de la ville, Paris, Éditions Esprit, 1994（avec Philippe Estèbe）.

Faire société: La politique de la ville aux États-Unis et en France, Paris, Le Seuil, 2003（avec Catherine Mével, Anne Wyvekens）.

Quand la ville se défait: Quelle politique face à la crise des banlieues?, Paris, Le Seuil, 2006, éd. poche, 2008.（本書）

Vers une citoyenneté urbaine?: La ville et l'égalité des chances, Paris, Éditions Rue d'Ulm, 2009.

La ville à trois vitesses et autres essais, Paris, Éditions de la Villette, 2009.

(dir.), *À quoi sert la rénovation urbaine?*, Paris, PUF, 2012.

La France des cités: Le chantier de la citoyenneté urbaine, Paris, Fayard, 2013.

人名索引

ア 行

アレント，ハンナ　Arendt, Hannah　197
ヴィルパン，ドミニク・ガルゾー・ド　Villepin, Dominique Galouzeau de　25, 76
エステブ，フィリップ　Estèbe, Philippe　175, 176
エプスタン，ルノー　Epstein, Renard　99, 170
オスマン，ジョルジュ＝ウジェーヌ　Haussmann, Georges-Eugène　36, 85
オバマ，バラク　Obama, Barack　21
オブレ，ティエリー　Oblet, Thierry　44, 183

カ 行

カストロ，ロラン　Castro, Roland　78
ガタリ，フェリックス　Guattari, Félix　194
キング，マーティン・ルーサー　King, Martin Luther　6
クリントン，ビル　Clinton, Bill　21, 116, 151
ゴートロー，ドロシー　Gautreaux, Dorothy　141, 142
ゴフマン，アーヴィング　Goffman, Erring　159

サ 行

サッチャー，マーガレット　Thatcher, Margaret　94
サルコジ，ニコラ　Sarkozy, Nicolas　5, 78, 123
ジャイダ，トゥーミ　Djaïda, Toumi　6
シャンボルドン，ジャン＝クロード　Chamboredon, Jean-Claude　87
ジュペ，アラン　Juppé, Alain　108, 195
シュヴェーヌマン，ジャン＝ピエール　Chevènement, Jean-Pierre　112, 116, 117, 175, 176, 178, 182
ショエ，フランソワーズ　Choay, Françoise　88, 195
ジョスパン，リオネル　Jospin, Lionel　14, 117, 153
シラク，ジャック　Chirac, Jacques　14
セリエ，アンリ　Sellier, Henri　43

タ 行

ダヴジー，ロラン　Davezies, Laurent　183

タランディエ，マガリ　Talandier, Magali　176
ディラン，クロード　Dilain, Claude　126
デイリー，リチャード・J　Daley, Richard J.　141
デュブドゥ，ユベール　Dubedout, Hubert　49, 61, 63, 68-71, 80-82
デュベ，フランソワ　Dubet, François　8
デュルケーム，エミール　Durkheim, Émile　176
ドゥヴェール，ベルナール　Devert, Bernard　95
ドゥラリュ，ジャン＝マリー　Delarue, Jean-Marie　49
ドゥルーズ，ジル　Deleuze, Gilles　194, 204
ドゥルバール，ミシェル　Delebarre, Michel　10
ドゥロルム，クリスチャン　Delorme, Christian　6

ナ　行

ナポレオン３世　Napoléon III　36

ハ　行

フィヨン，フランソワ　Fillon François　25
フーコー，ミシェル　Foucault, Michel　65, 98, 116, 172
フェッリ，エンリコ　Ferri, Enrico　41
フォルタン，ジャン・パトリック　Fortin, Jean Patrick　91
ブルデュー，ピエール　Bourdieu, Pierre　55
ブローデル，フェルナン　Braudel, Fernand　194
ベルジェ，ガストン　Berger, Gaston　100
ポリコフ，アレクサンダー　Polikoff Alexander　141
ボルロー，ジャン＝ルイ　Borloo, Jean-Louis　25, 75, 80, 93, 99, 114, 123, 124, 158, 175

マ　行

ミッテラン，フランソワ　Mitterrand, François　6, 72
モンジャン，オリヴィエ　Mongin, Olivier　168, 184, 196, 200

ラ　行

ライシュ，ロバート　Reich, Robert B.　21, 53
ラファラン，ジャン＝ピエール　Raffarin, Jean-Pierre　25
ル・コルビュジェ　Le Corbusier　87
ルソー，ジャン＝ジャック　Rousseau, Jean-Jacques　161

ルフェーブル，アンリ　Lefebvre, Henri　87-89
ルペン，ジャン＝マリー　Le Pen, Jean-Marie　14
ルメール，ミシェル　Lemaire, Michel　87
レヴィ，ジャック　Lévy, Jacques　179
ロンブローゾ，チェーザレ　Lombroso, Cesare　41

フランスにおける郊外暴動と都市政策略史

この年表は、本書の理解のために都市政策関連事項を時系列で整理したものである。重要な事項であっても本書に関係なければ記載していない場合があり、網羅的でないことに注意されたい。また郊外暴動については本書で言及された主要なもの以外も記載した。移民系住民にたいする警察による暴力や散発的な小競り合いは70年代初頭以来ひんぱんに起きていることにも注意されたい。暴動化のきっかけのほとんどが警察の暴力による死亡事件である。

この年表を作成するにあたって主に以下のサイトと文献を参照した。

http://i.ville.gouv.fr/

http://www.vie-publique.fr/

Olivier Pieronet, "Banlieues: chronologie 1973-2006" *Manière de voir n° 89, Le monde diplomatique*, oct.-nov. 2006

Pierre Merlin, Françoise Choay (dir.), *Dictionnaire de l'urbanisme et de l'aménagement*, 3e éd., Paris, PUF, 2010

年	月	日	
1958			市街化優先区域（ZUP）
1963			国土整備地方振興庁（DATAR）
1967			協議整備区域（ZAC）
1976	3		最後のビドンヴィル（スラム）取り壊される（ニース）
1977	3		住居と社会生活
1979	9		リヨン郊外ヴォ＝アン＝ヴランの街区グラピニエールで若者と警官隊の衝突（最初の大規模な郊外暴動といわれる）
1981	5		フランソワ・ミッテラン大統領就任
	7		**リヨン郊外ヴェニシューの街区マンゲットの団地で大規模な暴動。放火されて燃え上がる自動車のイメージが各種メディアで大きく報じられる**
	9		シュワルツ報告（若年層の社会参入支援）Bertrand Schwartz, *L'insertion professionnelle et sociale des jeunes*
	10		**街区の社会的開発全国評議会が設置され、街区の社会的開発（DSQ）プログラムが創設される（この時点では「街区政策」と呼ばれる）**
	12		教育優先区域（ZEP）
1982	3		地方分権法（分権化第1法。地方分権にかかわる一連の立法の最初のもの）
	12		デュブドゥ報告 Hubert Dubedout, *Ensemble, refaire la société*

1983	1		ボンヌメゾン報告（犯罪予防と社会連帯）Gilbert Bonnemaison, *Face à la délinquance : prévention, répression, solidarité*
	10		「平等に賛成、人種差別に反対」行進（ブールの行進）、マルセイユを出発
	11		ミッション「バンリュー89」の創設（ロラン・カストロら）
	12		ミッテラン大統領がブールの行進の代表団を大統領府で迎え、10年の滞在と労働の許可を約束
			メディ・カレフの小説『アルシ・アーメッドのハレムでお茶を』（85年4月映画化、カレフ監督『アルキメデスのハレムでお茶を』）
1984	10		SOSラシスム結成
1986			街区事業体はじまる
1988	5		ミッテラン大統領再選
	10		**都市担当省庁間代表連絡会議（DIV）、都市担当省庁間委員会（CIV）、全国都市評議会（CNV）の設置。都市の社会的開発（DSU）。街区から都市へ対象領域の拡大**
	12		社会参入最低限所得（RMI）
1990	5		ベッソン法。「住宅への権利」の法制化
	10		**リヨン郊外ヴォ＝アン＝ヴランで大規模な暴動。90年代以降の郊外暴動の原型といわれる**
	12	4	バンリュー89主催のシンポジウム「大規模住宅団地と決別するために」がリヨン郊外ブロンにて開催。ミッテラン大統領、「もっとも恵まれない郊外を改善し社会的排除と闘う」方針にかんする演説で都市担当相をおくことを表明
		21	**都市担当大臣職が創設される（初代ミシェル・ドゥルバール）。都市政策の名称が公式化される**
1991	1		都市担当副知事の任命（13人）
	3		イル・ド・フランス西部イヴリーヌ県サルトゥルーヴィルで暴動
	5		イヴリーヌ県マント＝ラ＝ジョリで暴動
	7		**都市基本法（LOV）。「都市への権利」の法制化。地域住居プログラム（PLH）の本格稼働（策定は1983年1月）**
			市街大規模プロジェクト（GPU）の指定（13地点）。後にGPVに発展する
			ドゥラリュ報告 Jean-Marie Delarue, *Banlieues en difficulté: la relégation*
1992	10		リヨン郊外ヴォ＝アン＝ヴランで暴動

	11		ドンズロ＆エステブ報告（都市政策の評価報告のひとつ）Jacques Donzelot, Philippe Estèbe, *Le développement social urbain, constitution d'une politique, 1982-1992*
1993	8		改正移民法（パスクワ法）、改正国籍法
	11		イル・ド・フランス東部セーヌ＝エ＝マルヌ県ムランで暴動
1994	1		ルーアン（フランス西部）の街区サパンで暴動
	3		イル・ド・フランス北西部ヴァル＝ドワーズ県ガルジュ＝レ＝ゴネスで暴動
	4		リヨン郊外ヴォ＝アン＝ヴラン、ブロン、リリュー＝ラ＝パプで暴動
	6		都市契約、本格的に利用されはじめる（214件）。1989年から実験的に運用されていた。
	9		ポー（フランス南西部）で若者たちと警察の衝突
1995	3		マチュー・カソヴィッツ監督『憎しみ』公開
	5		ジャック・シラク大統領就任。選挙キャンペーンで「社会の亀裂 fracture sociale」への対応を約束
	6		イル・ド・フランス、パリ北東部郊外セーヌ＝サン＝ドニ県ノワジー＝ル＝グランで暴動
	9		セーヌ＝サン＝ドニ県ナンテールで若者たちと警察の衝突
1996	1		**都市振興協定。これにともなって困難市街区域（ZUS）、市街再活性化区域（ZRU）、市街免税区域（ZFU）が設定される（11月）**
	10		リヨン郊外ヴォ＝アン＝ヴランで暴動。リヨン郊外各地に波及する
1997	12		セーヌ＝エ＝マルヌ県ダマリー＝レ＝リスで若者たちと保安機動隊（CRS）の激しい衝突
			リヨンの街区ラ・デュシェールで暴動
			ストラスブール（フランス東部）郊外の団地各所で暴動
1998	1		リヨン市内のショッピングモールを郊外の若者たちが襲撃
1999	5		ガール県（地中海沿岸部）ヴォヴェールで暴動
	12		都市大規模プロジェクト（GPV）と都市再建事業（ORU）の指定（GPV 50地点、ORU 30地点）。後に都市再生事業に統合される（2003年の都市再生法）
2000	9		イル・ド・フランス南部エソンヌ県グリニー、コルベイユ＝エソンヌで暴動
	12		**都市連帯再建法（SRU）**

2001	10		オート＝サヴォア県（フランス南東部）トノン＝レ＝バンで若者たちと警察の激しい衝突
2002	2		ウール県（フランス北部）エヴルーで若者たちと警察の衝突
	5		シラク、決選投票でルペンを大差で退け、大統領再選
			ジャン＝ルイ・ボルロー、都市担当大臣に就任（2004年3月まで）
	10		ストラスブール郊外の街区オートピエールで暴動
2003	3		分権化第2法（地方分権のための憲法改正）
	8		**都市再生法（ボルロー法）。これにより全国都市再生機構（ANRU）や全国困難市街区域観測所（ONZUS）が創設される**
2004	1		元日にフランス各地で自動車への放火相次ぐ(324台)。ストラスブール郊外ヌーオフで暴動化。1995年以来、元日の自動車への放火は一種の「祭り」として恒常化している。
			ストラスブール、街区オートピエールで暴動
	3		校内ヴェール着用禁止法
2005	1		社会凝集法
			反人種主義を掲げる政治団体、共和国の原住民 Indigènes de la République がフランスの植民地主義を弾劾するアピールを発表し、反ユダヤ主義、共同体主義との批判を招くなど議論を呼ぶ
	6		ニコラ・サルコジ内相、セーヌ＝サン＝ドニ県ラ・クルヌーヴのカトルミル団地で「団地をケルヒャーで一掃する」と発言
	8		パリ市内で不審火で不法占拠していた移民系住民に多数の死傷者。不法占拠取締りが強化される
	10	25	サルコジ内相、ヴァル＝ドワーズ県アルジャントゥイユにて、団地の若者を「くず」と表現したことが問題視される
		27	**セーヌ＝サン＝ドニ県クリシー＝ス＝ボアにおいて、夜間、警察の暴力による若者の感電死事件が発生。これをきっかけに暴動が発生**
		31	サルコジ内相、暴動にたいしゼロトレランスを表明
	11	7	ドミニク・ド・ヴィルパン首相、地方自治体に夜間外出禁止令を出す権限を付与すると発表
		8	ヴィルパン首相、12日間の非常事態宣言を宣言
		14	ヴィルパン首相、非常事態宣言を3ヶ月延長する方針を発表（翌日議会で可決）。シラク大統領、雇用における差別解消など問題解決に努力するとテレビ演説
		17	警察、暴動の沈静化を発表

2006	3		機会均等法。初期雇用契約（CPE）にたいし大きな反対運動が展開され、CPE撤回される
	5		社会凝集都市契約（CUCS)、都市契約の代替として制定される
			セーヌ＝サン＝ドニ県モンフェルメイユ、クリシー＝ス＝ボアで若者たちと警察の激しい衝突
2007	5		サルコジ大統領就任。フランス各地で抗議の暴動
	11		ヴァル＝ドワーズ県ヴィリエ＝ル＝ベルで暴動。サルセルなど近隣市町村にも飛び火
2008	2		プログラム「希望の郊外、フランスのための活力」発表
2009	5		都市担当省庁間代表連絡会議（DIV)、都市担当省庁間委員会事務総局 Secrétariat général du CIV に改組される
	6		積極的連帯所得（RSA)、RMI の代替として制定される
2010	7		グルノーブルの街区ラ・ヴィルヌーヴで暴動

翻訳対応表

（以下の各種の名称には翻訳の定まったものが少なく、定訳がある場合にはおおむねそれに従ったが、試訳に近いものが多い。）

日本語表記	略称	原語
街区事業体		Régie de quartier
街区の社会的開発	DSQ	Développement social des quartiers
街区の社会的開発全国委員会		Commission nationale de développement social des quartiers
街区の社会的開発全国評議会		Conseil national de développement social des quartiers
機会への移住	MTO	Moving to opportunity
教育優先区域	ZEP	Zone d'éducation prioritaire
協議整備区域	ZAC	Zone d'aménagement concerté
計画庁		Commissariat général du Plan
工業区域	ZI	Zone industrielle
校内ヴェール着用禁止法		Loi encadrant, en application du principe de laïcité, le port de signes ou de tenues manifestant une appartenance religieuse dans les écoles, collèges et lycées publics
国土整備地方振興庁	DATAR	Délégation interministérielle à l'aménagement du territoire et à l'attractivité régionale
国土整備中央会社	SCET	Société centrale pour l'équipement du territoire
国立研究機構	ANR	Agence nationale de la recherche
混合経済会社		Société d'économie mixte
困難市街区域	ZUS	Zone urbaine sensible
市街化優先区域	ZUP	Zone à urbaniser en priorité
市街再活性化区域	ZRU	Zone de redynamisation urbaine
市街大規模プロジェクト	GPU	Grand projet urbain
市街免税区域	ZFU	Zone franche urbaine
事業税	TP	Taxe professionnelle

市町村		Commune
市町村間協力公施設法人	EPCI	Établissement public de coopération intercommunale
市町村連合		Intercommunalité
社会凝集法		Loi de programmation pour la cohésion sociale
州		Région
シュヴェーヌマン法		Loi relative au renforcement et à la simplification de la coopération intercommunale
住居のための社会連合		Union sociale pour l'habitat
住居と社会生活		Habitat et vie sociale
住居とヒューマニズム		Habitat et Humanisme
住宅都市開発省	HUD	Department of Housing and Urban Development
全国困難市街区域観測所	ONZUS	Observatoire national des zones urbaines sensibles
全国都市再生機構	ANRU	Agence nationale pour la rénovation urbaine
全国都市評議会	CNV	Conseil national des villes
地域住居プログラム	PLH	Programme local de l'habitat
低廉住宅	HBM	Habitation à bon marché
適正家賃住宅	HLM	Habitation à loyer modéré
適正家賃住宅組織連盟全国連合		Union nationale des fédérations d'organismes HLM
都市基本法	LOV	Loi d'orientation pour la ville
都市契約		Contrat de ville
都市圏		Agglomération
都市再建事業	ORU	Opération de renouvellement urbain
都市再生法（ボルロー法）		Loi d'orientation et de programmation pour la ville et la rénovation urbaine
都市振興協定		Pacte de relance pour la ville
都市大規模プロジェクト	GPV	Grand projet de ville
都市担当省庁間委員会	CIV	Comité interministériel des villes
都市担当省庁間代表連絡会議	DIV	Délégation interministérielle à la ville

都市の社会的開発	DSU	Développement social urbain
都市連帯再建法	SRU	Loi relative à la Solidarité et au renouvellement urbains
フランス企業運動	MEDEF	Mouvement des entreprises de France
分権化第一法（地方分権法）		Loi relative aux droits et libertés des communes, des départements et des régions
分権化第二法		Loi constitutionnelle relative à l'organisation décentralisée de la République
民衆運動連合	UMP	Union pour un mouvement populaire
預金供託金庫		Caisse des dépôts et consignations
予算法律組織法	LOLF	Loi organique relative aux lois de finances

著者略歴

ジャック・ドンズロ（Jacques Donzelot）／1943年生。フランスの社会学者。邦訳に、『家族に介入する社会——近代家族と国家の管理装置』（宇波彰訳、新曜社、1991年）がある。詳しくは訳者解説参照。

訳者略歴

宇城輝人（うしろ・てるひと）／1967年生。京都大学大学院文学研究科博士後期課程単位取得満期退学。現在、関西大学社会学部教授。専門は社会学、社会思想史。共著書に、『変異するダーウィニズム』（京都大学学術出版会、2003年）、『フラット・カルチャー』（せりか書房、2010年）、『自由への問い6　労働』（岩波書店、2010年）、『社会的なもののために』（ナカニシヤ出版、2013年）など。共訳書に、ルイ・アルチュセール『哲学・政治著作集Ⅱ』（藤原書店、1999年）、『資料 権利の宣言1789』（京都大学人文科学研究所、2001年）など。

ISBN 978-4-409-23048-0 C3036

都市が壊れるとき
―郊外の危機に対応できるのはどのような政治か

二〇一二年四月一〇日　初版第一刷発行
二〇一四年四月一〇日　初版第二刷発行

著者　ジャック・ドンズロ
訳者　宇城輝人
発行者　渡辺博史
発行所　人文書院

〒六一二-八四四七
京都市伏見区竹田西内畑町九
電話〇七五(六〇三)一三四四
振替〇一〇〇〇-八-一一〇三
印刷　亜細亜印刷株式会社
製本　坂井製本所
装丁　間村俊一

乱丁・落丁本は小社送料負担にてお取替致します。

http://www.jimbunshoin.co.jp/